大名人 小故事

永不言败的成吉思汗

胡刃 著

中华书局

图书在版编目（CIP）数据

永不言败的成吉思汗 / 胡刃著 . — 北京：中华书局, 2015.1
（2019.12重印）
（大名人 小故事）
ISBN 978-7-101-10561-2

Ⅰ. 永… Ⅱ. 胡… Ⅲ. 成吉思汗（1162～1227）—生平事迹
—青少年读物 Ⅳ. K827-47

中国版本图书馆CIP数据核字（2014）第259254号

书 名	永不言败的成吉思汗	
著 者	胡 刃	
责任编辑	罗明钢	
丛 书 名	大名人 小故事	
封面设计	李 睿	
封面绘画	LIAR	
出版发行	中华书局	
	（北京市丰台区太平桥西里38号 100073）	
	http：//www.zhbc.com.cn	
	E-mail：zhbc@zhbc.com.cn	
印 刷	中煤（北京）印务有限公司	
版 次	2015年1月北京第1版	
	2019年12月北京第2次印刷	
规 格	开本/ 700×1000毫米 1/16	
	印张 7¼ 字数50千字	
印 数	10001—13000册	
国际书号	ISBN 978-7-101-10561-2	
定 价	28.00元	

致 读 者

仰望中国历史的天空,群星璀璨。他们是史书中的传主,是教科书上的黑体大字,也是活在故事中的著名人物。他们的故事,比普通人的更加跌宕起伏,扣人心弦,也更加发人深省。

"大名人 小故事"丛书,旨在讲述教科书上未曾细说的名人故事。选取的名人,基本上都是青少年朋友喜爱的。讲述的内容,不是面面俱到的传记,而是提取名人一生中若干瞬间,借此画出名人的精神风貌,展现他们精彩独特的个性和不可重复的创造。

故事的来源,大都有史料依据,希望给大家讲述名人们真实的而非戏说的人生。也吸取了少量的传说,从中可以窥见千百年来的民心。

有的故事中出现了著名的历史事件,涉及了相关民俗风情,衍生出了特定的成语典故,则在故事后进行简要讲解。每本书后,还附录了名人的生平简历,以供读者参考。

丛书每册讲述一位名人的故事,以此形成系列。

丛书的作者,都是中青年精锐作家,他们有的写过畅销历史小说,有的擅长写历史散文,有的已出版大部头的名人传记……他们共同的特点,是会讲故事,并且愿意为青少年朋友讲故事,希望把历史讲得生动有趣,让读者喜欢上这些有意思的历史人物。在此谨向他们致敬。

中华书局编辑部

千年风云第一人

　　提起成吉思汗，不仅在中国，全世界都几乎家喻户晓。成吉思汗生于1162年，去世于1227年。成吉思汗名叫铁木真，蒙古乞颜部人，孛（bó）儿只斤氏。乞颜是一个部族的名称，乞颜也音译为奇渥（wò）温，因此，《元史》称成吉思汗姓"奇渥温氏"。不过，史学家认为，把孛儿只斤作为成吉思汗的姓更准确一些。

　　成吉思汗被誉为世界的征服者，他的丰功伟绩，在人类历史上几乎没有人可以与之相提并论。

　　成吉思汗九岁时失去父亲，他是家中的长子，母亲把他和幼小的弟弟妹妹拉扯成人。最困难的时候，全家吃草根，拾野果，住一顶破帐篷。在这种极端困难的家庭环境中，他成长为一位大英雄，统一草原，进军中亚和欧洲，建立了庞大的蒙古帝国。

　　成吉思汗从不畏敌，只要有敌挑战，他便予以痛击，而且，绝大多数都是以少打多，以少胜多，出奇制胜。

　　成吉思汗从不认输，永不言败。即使身边只剩十九人，也绝不向敌人屈服，始终保持乐观向上的精神。

　　成吉思汗自信，自立，自强不息，他敢以十万军队与百万金兵对决；敢以二十万军队，万里奔袭拥有四十万大军的花剌（là）子模。

　　成吉思汗注重感恩，凡是帮助过他的人，他都铭记在心。在他分封功臣时，那些对他有恩的人，都得到加倍的报答。

成吉思汗重视团结，他不以部族、种族、宗教取人，也不问地域和出身。即使是昔日的敌人，只要具备才能，他都可以破格提拔，为我所用。比如，刘仲禄是汉人，耶律楚材是契丹人，塔塔统阿是维吾尔人，木华黎出身奴隶，哲别曾经射死过成吉思汗的战马，凡此等等。

成吉思汗善于观察，善于发现，善于总结。在征服乃蛮之前，蒙古民族没有文字，他不可能知道《孙子兵法》，没有理论指导，战争就是他最好的老师。他在战争中发掘经验，总结经验，实践经验，表现出了卓越的军事指挥才能，创造了独具特色的军事思想，给后人留下了一份珍贵的文化遗产。

战争中的成吉思汗几乎都是进攻，很少防守。他利用蒙古骑兵的优势，常常以迅雷不及掩耳之势，对敌人发起突然袭击。在攻坚战中，他每每先扫清外围，孤立一点，迫敌投降，直至全胜。

成吉思汗是中华民族的英雄。唐末以后，中华大地各个政权此起彼伏，纷争对峙，社会动乱达三四百年。他去世后，把蒙古帝国的接力棒传给子孙，他的子孙平西夏，灭金国，征南宋，收西藏，创立元朝。

成吉思汗是世界各民族的英雄。他一生征战，所向披靡，先后收服了四十多个国家，打通了亚欧通道，拉近了世界距离。在那个时代，他和他的军队影响着世界五分之四的人口；他的征战促进了中西方经济文化交流，为世界的发展做出了极其重要的贡献；他的军事才能达到了冷兵器时代的巅峰，创造了人类战争史上的奇迹。在20世纪将要结束之际，美国《华盛顿邮报》把成吉思汗评为"千年风云第一人"。

联合国第七任秘书长科菲·安南说："13世纪成吉思汗统一蒙古

部落，建立了世界上举世无双的庞大的蒙古帝国。他所建立的政权和法律，至今对世界各国和地区仍有积极意义。"

印度独立后的第一任总理尼赫鲁说："成吉思汗即使不是世界上唯一的最伟大的统帅，无疑也是世界上最伟大的统帅之一。"

胡 刃

目录

父亲的遗志

1170年夏，只有九虚岁的铁木真就订亲了。草原地广人稀，几十里甚至几百里都见不到一户人家。因此，许多孩子八九岁时就要订亲。订亲之后，男孩一般要在女孩家住上一年，帮助女孩家做一些力所能及的事，以便加深与岳父母一家人的感情。

这天，铁木真正在帮岳父剪羊毛。突然，一匹马急驰而来，来人跳下马说：

"铁木真少爷，大事不好了，你的父亲也速该首领不行了！"

"什么？不行了？我离开阿爸时他还像雄狮一样健壮，怎么几天不见，就不行了？"

"铁木真少爷，也速该首领中了塔塔尔人的毒，你快回去吧，晚了就再也见不到父亲了！"

塔塔尔人为什么要加害也速该呢？话还得从二十多年前说起——

蒙古部落由几十个部族组成，因为没有强有力的领导，各个部族之间的联系少了，关系疏远了。有时，为了牲畜和草场，还闹出一些矛盾，甚至会发生流血事件。有一个叫合不勒的人觉得蒙古部落这样下去，早晚会被其他部落消灭，于是就把各个部族重新凝聚起来，人们都佩服他的才干，推选他为蒙古部落的可汗（hán）。

蒙古部落在合不勒汗的领导下日益壮大，不但相邻的塔塔尔部

落不敢小视，就连金朝皇帝也对合不勒汗刮目相看。为了笼络合不勒汗，金熙宗请他去金朝上京会宁府赴宴。

上京会宁府在今天的哈尔滨市阿城区，合不勒汗的营地在今天内蒙古的满洲里以北，两地相距达两千余里。当时的金朝地域非常辽阔，从北边的外兴安岭，到安徽的淮河一带，都在金朝控制之下。合不勒汗早就想到会宁府打探一下金朝的情况，看看金朝的繁荣。他骑上马，带着随从出发了。

金熙宗摆上丰盛的宴席，热情接待合不勒汗。合不勒汗见金熙宗仪表堂堂，气度不凡，下面陪酒的大臣也很精干。不过，看人不能光看外表，要看内心，看人的才智和胆识。可是，怎么才能了解金朝君臣的才智和胆识呢？

金熙宗酒量不大，酒过三巡，菜过五味，就有点儿醉了。合不勒汗提着酒壶来到金熙宗面前。

"合不勒久仰皇上威名，今日一见，真是三生有幸，合不勒再敬您三大碗，以表示对您由衷的敬意。"说着，合不勒汗给金熙宗倒了三碗，自己也倒了三碗。"先干为敬，我干了。"

"咕嘟咕嘟"，合不勒汗三大碗喝得干干净净。可是，金熙宗只喝了两碗，第三碗就喝不进去了。他想叫一个大臣上来替他，合不勒汗不答应，他说："皇上，合不勒再喝三大碗，皇上把这碗喝了。"

没等金熙宗同意，合不勒汗又喝了三大碗。金熙宗的酒量远不如合不勒汗，这碗酒他只喝了一半就放下了。

合不勒汗见金熙宗不给自己面子，他借着酒劲儿说："皇……皇上，你……你要是不喝，我……我就揪你胡子，给……给你灌进去……"

金熙宗没有理会合不勒汗，两个宫女上来架起金熙宗要回宫休息。合不勒汗说到做到，他冲上前，揪着金熙宗的胡子，把酒端到金熙宗的嘴边。金熙宗生气了，他一抬手，把碗打落在地。

　　合不勒汗的随从连忙打圆场："可汗，你喝多了，喝得太多了。"说着，把合不勒汗搀了下去。

　　第二天清晨，合不勒汗睁开惺忪的双眼，见随从站在他身边，一个个急得直搓手。

　　合不勒汗问："你们怎么了？"

　　一个随从把昨晚的经过说了一遍，然后道："可汗，你揪皇上的胡子，犯了大罪，是要被杀头的！"

　　合不勒汗也觉得自己闯了祸，怎么办呢？他灵机一动，有了……

　　合不勒汗来到皇宫，他跪在地上，粗声粗气地说："皇上，合不勒酒后失态，得罪了皇上，您要是生气，就拎我耳朵，踹我屁股，合不勒毫无怨言。"

　　此时，金朝的主要目标是攻打南宋，金熙宗不想与蒙古结怨，又见合不勒汗话中还带有几分醉意，就说："昨晚朕也喝多了，发生了什么事，都忘了。"

　　合不勒汗担心金熙宗反悔，他想赶紧回草原，逃离虎口。金熙宗未加思索，就答应了，还赐给合不勒汗几件金朝的官服和一些金银珠宝。

　　合不勒汗揪金熙宗胡子，令金朝大臣十分震惊。这种有胆有识、不畏强敌的人，如果放虎归山，必然会成为金朝的心腹大患。金熙宗也改变了主意，他派一员大将领兵追赶合不勒汗。

合不勒汗知道再回会宁府肯定是死路一条，可他没有反抗，却装出一副若无其事的样子说："皇上是个英明的君主，我一走就后悔了。你们来得正好，我正想回会宁府，聆听皇上的教诲呢！"

合不勒汗的话，使金朝大将放松了警惕。夜里，趁金兵熟睡之际，合不勒汗盗取一匹马逃走了。金熙宗大怒，命人把与合不勒汗同行的蒙古人全部处死。

金朝多次发兵攻打蒙古部落，都没能使蒙古屈服。为了孤立蒙古，金朝拉拢塔塔尔部落，在他们之间制造矛盾，使他们相互仇杀，金朝从中渔利。塔塔尔在金朝的支持下，分化、打击蒙古部落。蒙古的一些部族脱离本部落，蒙古由强转弱，生存越来越艰难。

俺巴孩被选举为蒙古部落首领之后，为了化解与塔塔尔部落的矛盾，他决定把自己的女儿嫁到塔塔尔，两个部落结成儿女亲家。可是，俺巴孩一到塔塔尔营地就被抓了起来。塔塔尔人把他押到金朝国都，金朝下令将俺巴孩钉在木驴上。俺巴孩宁死不屈，临终前，他对身边的随从说："蒙古人就是把五个指甲磨尽，哪怕烂掉十个指头，也要为我报仇。"

此后，蒙古部落先后十三次向塔塔尔部落发起进攻，但都没有取得较大胜利。然而，一个叫也速该的将领脱颖而出。他骁勇善战，屡立战功，逐渐赢得了蒙古部落的信任。

1162年，在一次战斗中，也速该擒获了塔塔尔部落首领铁木真兀格，为俺巴孩首领报了仇。也就在这一天，也速该的夫人生下一个男孩。也速该第一次当父亲，心里特别高兴。为了纪念这次重大胜利，也速该为这个孩子起名叫铁木真。铁木真就是后来的成吉思汗。

蒙古部落在也速该的领导下，渐渐地恢复了元气。这也是铁木真童年中最美好的时光。

铁木真订亲，也速该把铁木真送到岳父家第二天就走了。也速该在回家的途中，遇上了一群塔塔尔人煮肉喝酒。按照草原风俗，煮肉喝酒的一方见有路人经过，都要邀请路人喝上两碗。塔塔尔人恨也速该杀了他们的首领，他们想杀掉也速该，但又怕打不过他。于是，塔塔尔人就招呼也速该过来喝酒。也速该想：不喝，显得自己胆子太小，被人瞧不起；喝，又担心塔塔尔人下毒。为了蒙古部落的尊严，也速该索性放开了，他与塔塔尔人坐在一起，开怀畅饮。酒足饭饱之后，方才回家。

也速该果然中毒，一到家就倒下了。他将亲信蒙力克叫到身边，说："我去为铁木真求亲，回来的路上，塔塔尔人在酒中下了毒，我恐怕活不了几天了。我的孩子都太小，请你多关照他们和我的两位夫人。"蒙力克连连点头。也速该喘了口气又说："你去把铁木真叫回来，让他长大后向塔塔尔人讨还血债！"

铁木真失去了父亲，一家人陷入了悲惨的境地。

铁木真生活和战争过的草原

5

多知道点

蒙古族人的姓名

蒙古族人通常以部落或部族的名称为姓氏。经过千余年的发展，许多蒙古族人已经不知道自己的祖先出于哪个部落，因此，他们不像汉人"张某某""李某某"这样起名字，他们的名字前是不带姓氏的。所以，对于纯正的蒙古族人，如果你问他或她"贵姓"，他们是不好回答的。如果回答，也通常说我叫巴特（英雄之意），或我叫高娃（美丽之意）。

也速该是"毡子"的意思，寓意包容温暖；铁木真是"铁"的意思，寓意坚强有力。

母亲折箭教子

　　祭祀祖先是蒙古部落最为隆重的仪式。祭祀时，无论男女老少，所有人都要来到祖先的灵位前，人们摆上牛羊肉、奶酪和美酒，由部落里的长者讲述祖先的英雄事迹，激励后人向祖先学习，奋发图强。然后，众人一起向祖先叩拜，分食祭祀的食物。每年的这一天，蒙古部落的人就会尽情地享受集体生活的温暖，享受人与人之间的友爱。

　　明天是祭祀的日子。傍晚，铁木真和弟弟妹妹们围在母亲诃（hē）额仑身边。铁木真双手托着下巴说："额吉（蒙古族人把母亲叫额吉），我们家已经很长时间没有好好地吃上一顿肉了，明天一定要饱餐一顿。"

　　自从丈夫也速该去世，诃额仑家里的生活一落千丈。铁木真还很年幼，不能参加部落里的征战和狩猎，母亲怀中还有吃奶的妹妹，全家只能靠人周济，勉强度日。能吃上一顿肉，对于铁木真兄弟来说，是一件多么幸福的事啊！

　　诃额仑微笑着点点头："嗯，明天祭祀之后，额吉让你们饱饱地吃一顿。"

　　弟弟们拍手欢呼："能吃肉喽！能吃肉喽！"

　　铁木真同父异母的弟弟别克帖儿眼里放光："额吉，我们能多拿一份肉吗？"

诃额仑摇了摇头："那可不行，祭祀祖先的肉是按人分的，我们多拿一份，就有人少拿一份，咱们不能占别人的便宜。"

二弟哈萨尔摇着诃额仑的胳膊："额吉，怎么还不到明天啊，我都要饿死了。"

诃额仑抚摸着哈萨尔的头："你闭上眼睛，睡一觉，明天就到了。"

铁木真和弟弟妹妹们躺在被窝里，想着明天有肉吃，谁也睡不着，都盼着黑夜快点过去。直到后半夜，一家人才进入梦乡。梦里，铁木真和弟弟们都吃到了肉，吃到了好香好香的肉，吃得很饱很饱。

太阳升起来了，母亲诃额仑走出蒙古包，却发现周围一个人也没有。她心中疑惑，每年祭祀祖先，全部落里的人都是你叫我，我唤你，大家一起去的，今天怎么没有动静？难道他们把我们一家忘了不成？

诃额仑非常着急，当她跑到祭祖现场时，祭祀仪式已经结束了，人们各自拿着分得的食物往回走。诃额仑找到主管祭祀的人，询问自己家分的肉在哪里？然而，她得到的回答是没有她家的份儿。

诃额仑痛斥道："我丈夫也速该生前为部落立下赫赫战功，你们为什么对我们这般无情？"

可是，更无情的事情还在后面。第二天清晨，部落里的蒙古包不见了，所有人都迁走了。广阔无边的大草原上，只剩铁木真家唯一的一顶帐篷，诃额仑和她的孩子们被部落抛弃了。

铁木真问母亲："额吉，我们怎么办？"

诃额仑坚定地说："活下去！顽强地活下去！"

白天，母亲带着铁木真他们几个孩子一起拾野果、挖野菜。诃额仑告诉铁木真，哪些能吃，哪些有毒。夜里，野狼在外面嚎叫，诃额仑

关紧帐门，以免她的孩子被狼伤害。他们的日子过得极其艰难。

磨难是最好的老师。在这样恶劣的环境中，铁木真忍饥、挨饿、受冻，他学射箭，学捕鱼，为母亲分担家务，为弟弟妹妹寻找食物。运气好的时候，铁木真能射到一只野兔，母亲就把野菜和兔肉煮在一起，算是改善全家生活。

一次，草丛里落下几只野鸽子，铁木真喜上眉梢，全家人有肉吃啦！他弯着腰，悄悄地走过去，"嗖"就是一箭，一只野鸽子被射中了。别克帖儿冲上前，捡起野鸽子就走。铁木真以为他拿回家给母亲，见野鸽子群落到别处，铁木真想多射两只，他又追了过去。然而，野鸽子群受惊，铁木真无法接近。当铁木真两手空空而归时，见别克帖儿正抹着油油的嘴巴，原来，别克帖儿把铁木真射下的那只野鸽子烧熟一个人吃了。

还有一次，铁木真下河摸鱼，好不容易抓到了一条，却被别克帖儿抢了过去。他又是一个人躲起来把鱼架在火上烤，独自享用。

别克帖儿不劳而获，独吞全家人的食物，为此铁木真非常生气。铁木真和二弟哈萨尔一前一后向别克帖儿包抄过去。铁木真手持弓箭，对着别克帖儿说："你夺走野鸽子，又抢走了鱼，这是什么行为，你知道吗？"

别克帖儿强词夺理："我知道什么？我知道泰赤兀人把部落带走了，是他们抛弃了我们，我们才生活得这么悲惨。有本事你找泰赤兀人报仇去，拿弓箭比划我算什么本事？你干脆射死我好了。"

铁木真一时冲动，怒道："强盗！你这个强盗！"

弓弦一响，别克帖儿中箭身亡。

永不言败的成吉思汗

　　母亲诃额仑得知铁木真残害手足兄弟，简直都要气疯了，她大骂铁木真没有人性，是"豺狼"，是"野兽"。诃额仑拿着荆条抽打铁木真。铁木真知道错了，他一动不动，默默地承受着母亲的责罚。

　　母亲冷静之后，也在检讨自己，自己只顾为孩子们缝缝补补，操持家务，忽视了对孩子的教育。于是，她把铁木真、哈萨尔几个兄弟叫到一起。

　　铁木真的父亲也速该有六男一女七个孩子，别克帖儿已经死了，五个男孩子站在诃额仑面前。诃额仑给他们每人一支箭，让他们折。

　　二弟哈萨尔问："额吉，这好好的箭，为什么让我们折呀？"

　　母亲诃额仑长叹一声说："这是咱们蒙古人祖先留下的故事……"

　　蒙古人有位祖先叫阿兰豁（huò）阿。传说当年，阿兰生下长子、次子之后，丈夫就与世长辞了。让人想不到的是，失去丈夫的阿兰又莫名其妙地生了三子、四子、五子。

元代画家赵孟頫笔下的蒙古猎手

一些人都怀疑阿兰的生活作风出了问题，阿兰的长子和次子便对另外三个弟弟横眉立目。阿兰担心自己的后代不和，就把五个儿子叫到一起。阿兰告诉长子和次子说，他们的三个弟弟是她与梦中的神人所生。每当深夜，那位神人就从蒙古包的天窗降落到帐中，抚摸她的肚子，同时，一束光随着神人的手照进阿兰腹中。第二天天一亮，那个神人就迎着朝霞飞走了。

阿兰给每个儿子一支箭，叫五个儿子折，五个儿子"喀嚓喀嚓"都折断了。阿兰又拿来五支箭，她把箭捆在一起，再让五个儿子折，五个儿子谁也折不动了。阿兰谆谆告诫五个儿子：不要相互猜疑，听信他人挑拨，要像这箭一样紧紧地团结在一起，敌人就不会把你们一个个折断。

长子和次子心中疑惑。当天夜里，长子和次子藏在蒙古包外的草丛里。三更时分，果然有个神人飘然而至，那情景跟母亲阿兰说的一模一样。兄弟疑惑顿消，五个儿子团结起来，附近的老百姓一个个被收服。他们一代代地繁衍，形成了四十八个部族、七十二个姓氏，共同组成了蒙古部落。

母亲诃额仑对铁木真兄弟说："你们的阿爸被塔塔尔人毒死了，我们被部落抛弃了，没有吃的，不要紧；没有穿的，也不要紧，只要你们兄弟紧紧地团结在一起，什么样的困难都能战胜。相反，如果你们骨肉相残，自断手足，那我们将除了影子，没有一个伙伴；除了尾巴，没有一条鞭子。说不定哪天，就会被敌人消灭。"

铁木真牢记母亲的教诲，从此，他全身心地关心照顾弟弟妹妹，孝敬母亲，一家人的日子渐渐好转起来。

永不言败的成吉思汗

多知道点

蒙古包

　　主要由木架和毡子构成，早在两千多年前的匈奴时期就存在了，是草原各民族传统的"房屋"。蒙古包也叫毡房或毡帐，男人用的东西放在西侧帐壁下，女人用的东西放在东侧帐壁下，西北部是佛龛和佛像。帐门朝向东南方，帐内的中央有火炉，火炉上方的帐顶开有天窗。帐的西北半边铺着地毯，这是睡觉的地方。蒙古包构造简单，便于拆卸组装，非常适合游牧民族迁徙生活。不过，随着蒙古族的定居和驻牧，蒙古族人已经不再居住蒙古包，现在的蒙古包基本都搭在风景区，供游人临时下榻。

现在的蒙古包内的陈设

在羊毛堆里躲过一劫

铁木真是乞颜部族人，姓孛儿只斤，塔里忽台是泰赤兀部族人，两个部族同属蒙古部落。在辈分上，塔里忽台还是铁木真的堂叔。然而，那次抛弃铁木真一家的主谋就是塔里忽台。

早年的塔里忽台嫉恨铁木真父亲也速该的才干，他做梦都想当蒙古部落的首领。但是，塔里忽台没有什么战功，跟也速该比，一个天上，一个地下。因此，在部落大会上，没有人选举他。也速该的死，正好遂了他的心愿。

塔里忽台的野心开始膨胀，在全部落祭祀祖先时，他下令，不准通知铁木真一家。当诃额仑责问他时，塔里忽台却把整个部落带走了。

有位老人实在看不过去，就提出了反对意见，心狠手辣的塔里忽台一刀刺向那位老人的前胸，老人倒在血泊中死了。迫于塔里忽台的淫威，部落里的人只得跟着他，铁木真一家被孤零零地抛弃在空旷的大草原上。

塔里忽台想让铁木真一家自生自灭，冻死，饿死，或者成为狼的美餐。总之，不管怎么死，只要死，他就高兴。

塔里忽台问手下的人："铁木真一家都死了没有啊？"

有人回答："回首领，铁木真一家不但没有死，而且，铁木真已经

长出了羽毛, 很快就要成为一只雄鹰了。"

塔里忽台咆哮着: "不! 我要把铁木真的羽毛全部拔光, 让他变成死鹰! "

时值盛夏, 烈日当空, 一片云彩也没有, 太阳烘烤着广阔的草原。铁木真放牧回来, 母亲诃额仑给他舀了一盆水, 铁木真想洗把脸, 凉快凉快。突然, 远处来了一伙人, 这些人骑着马, 一路飞奔。

诃额仑对塔里忽台这个凶恶的家伙太熟悉了, 她惊叫: "塔里忽台! 不好了, 塔里忽台来了, 快跑! "

铁木真脸也顾不上洗, 他和母亲、弟弟、妹妹们撒腿就跑。两条腿的人怎么能跑过四条腿的马呢? 眼看塔里忽台越追越近, 铁木真心想: 如果全家人跑在一起, 很快就会被塔里忽台追上。一旦追上, 全家人都会没命。我是家中的长子, 我要救母亲! 救弟弟! 救妹妹!

铁木真一边跑, 一边说: "额吉, 你们往北, 我往南。我把塔里忽台引开! "

母亲急道: "孩子, 这太危险了! "

铁木真道: "额吉, 我不危险, 全家人就危险, 你们快走! "

见铁木真往南, 诃额仑往北, 塔里忽台一时不知该追谁。铁木真灵机一动, 他摘弓搭箭, "嗖"的一箭射向塔里忽台。塔里忽台躲过铁木真的箭, 向铁木真追去。

铁木真跑着跑着, 见前面有一片树林, 他一头钻了进去。塔里忽台知道铁木真手中有弓箭, 他不敢进去, 怕铁木真一箭射死他。

塔里忽台命手下人包围树林, 等铁木真自投罗网。

人是铁, 饭是钢, 一顿不吃饿得慌。铁木真几次想从林中出来,

可每次都见塔里忽台的人在树林外站着。铁木真不得不退回林中，用仅有的几支箭射树上的鸟充饥。没有火，也不敢生火，铁木真只能吃生鸟肉，勉强维持生命。

时间过得很慢很慢，一天，两天……四天，五天……八天，九天……塔里忽台的人还不走。熬到第十天的时候，塔里忽台的人终于不见了。铁木真小心翼翼地出了树林，可没走多远，塔里忽台就带人冲了上来。

原来，塔里忽台并没有离去，而是藏了起来。铁木真被塔里忽台抓住了。塔里忽台在铁木真的脖子上戴了一个大木枷，押着他回部落营地。

傍晚，塔里忽台摆上酒宴，他当众宣布，明天要处死铁木真。难道我铁木真就这样坐以待毙吗？可是，饿了好几天，身上一点力气也没有，不坐以待毙又能怎样呢？

铁木真闻到肉香，他眼睛眨了眨，有了……

铁木真对看押他的人说："对于一个要死的人，难道你们还不给点吃的吗？"

那人把铁木真的话转告给塔里忽台，塔里忽台叫人给铁木真送点他们吃剩的东西。

铁木真肚子里有了食物，身上就有了力气。到了后半夜，见看押他的人睡着了，铁木真心中一喜。他悄悄地靠近那个人，使出全身的力气将自己脖子上的木枷向那人的头上磕去。那人脑袋一歪，便没了声息。

铁木真无法卸掉木枷，只得戴着木枷逃跑。第二天一早，铁木真

跑到一顶蒙古包前，蒙古包的主人惊问："你是谁？"

铁木真不知怎么回答，周围都是塔里忽台的人，如果说出自己的真实身份，这个人把我送给塔里忽台怎么办？不说出自己的真实身份，这个人要把我当成坏人，我还是死路一条啊！

铁木真正在犹豫的时候，这个人见铁木真很像也速该，就问："难道你是也速该首领的儿子铁木真吗？"

"也速该首领？"眼前的人叫父亲为首领，这说明他没有恶意。铁木真点了点头。

这个人很激动，他一边给铁木真拆去木枷，一边说："小鸟遇到危险时往往躲进草里，草都能救鸟儿的性命，难道我还不如草仁慈吗？放心吧，铁木真，你阿爸是个好首领，我不会加害你的。"他放了铁木真。

塔里忽台派人四处寻找铁木真，铁木真转了好几圈也逃不出去。没办法，他又回到这个好心人家中。

铁木真前脚刚到，一群搜捕铁木真的人就向这边赶来。好心人家里就一顶蒙古包，四周空空荡荡，连个隐身的地方也没有。把铁木真往哪藏呢？哪里能藏得住呢？眼看那伙人就到了，铁木真见蒙古包旁边的一辆木轮车上盛满了羊毛，他毫不犹豫地钻进羊毛堆里。

羊毛被太阳晒了一上午，里面跟蒸笼一般，铁木真强忍着，一动不动。

这伙人帐里帐外找了半天，也没发现铁木真。当头的看到了车上的羊毛，就叫一个高个子过去查看，高个子抱起羊毛往地上扔，眼看铁木真就要被发现了。好心人吓坏了，他说："这么热的天，藏进羊毛里还不得闷死？"

高个子和好心人对视一下，好心人向他挤了挤眼，高个子弯下腰，又假装翻了几下说："没有。"

当天晚上，好心人给铁木真带了一些煮熟的羊肉、酸马奶和弓箭，又送给铁木真一匹母马，铁木真在夜色的掩护下逃走了。

多知道点

马奶酒

酸马奶就是马奶酒。将挤出来的鲜马奶经过几天发酵后，会达到5度左右的酒精浓度，这就成了马奶酒。马奶酒自古以来就深受蒙古民族的喜爱，也是他们日常生活及招待宾朋的重要饮料。现代医学认为，马奶酒具有消食、健胃、活血和医治肺结核病的功效。不过，现在草原上的马越来越少，马奶酒也就越来越珍贵，绝大多数蒙古族人已经不会制作马奶酒了。

有成吉思汗头像的蒙古酒囊

夺回马匹

　　一年又一年，铁木真和弟弟们可以打到较大的猎物了，比如梅花鹿、黄羊。其实，打猎就是与动物作战，与动物决斗，尤其是遇到狼和豹子，既是力量的角逐，又是智慧的较量。

　　在狩猎中，铁木真的本领有了很大提高，他的箭法越来越准，他的力气越来越大，他的身体越来越强壮，同时，他也变得越来越聪明。

　　母亲诃额仑把肉煮熟，家里人吃不完，就晒成肉干，留作雨雪天不能出猎时的食物。诃额仑用动物的皮，给铁木真和弟弟妹妹缝制衣服。再剩下的兽皮，诃额仑就让铁木真拿去和人们换一些锅碗勺盆。铁木真不但换回了生活必需品，还换回了几匹马。也就是两三年时间，铁木真家里已经有了九匹马。日子好了起来，一家人其乐融融。

　　这天一大早，铁木真一家人就起来了，母亲诃额仑把水烧开，端上鹿肉。

　　铁木真就着热水，吃着鹿肉。妹妹说："吃肉应该喝奶茶，怎么不喝奶茶呀？"

　　母亲诃额仑说："煮奶茶需要牛奶，咱们家没有牛，用什么给你煮奶茶？你就凑合着吃吧。"

　　铁木真想了想，说："额吉，今天就让咱们家的马在附近吃草，不要放了。我带几个弟弟多打几只猎物回来，换上一头母牛，妹妹以后就

有奶茶喝了。"

妹妹摇着铁木真的胳膊："你真是我的好大哥。"

诃额仑叮嘱铁木真："好孩子,你带几个弟弟去吧。要小心,早点回来。"

吃完饭,铁木真就和几个弟弟出发了。山中的猎物很多,但梅花鹿和黄羊都不值钱,铁木真对几个弟弟说："狼皮值钱,咱们打狼,你们敢不?"

二弟哈萨尔挺起胸膛："怎么不敢?敢!"

其他三个弟弟也都说："敢!"

铁木真兄弟翻过了几道山梁,走过了几道河谷,可是,连只狼的影子也没看到。

三弟说："大哥,要不我们还是不要打狼了,狼太难找了。"

铁木真道："三弟,要坚持,只要坚持就会有收获。"

正说着,二弟哈萨尔发现树的后面有两只绿眼睛,狼!那不是狼嘛!铁木真定睛一看,那只狼嘴里还叼着一只兔子。奇怪,这只狼为什么不把兔子吃了?难道狼吃饱了?再一看,狼的肚子是瘪的,显然,这只狼完全可以把这只兔子吃下去。

铁木真兄弟立刻向狼围去。狼见有人来,转身就跑,铁木真兄弟随后就追。尽管这只狼叼着兔子,可跑得非常快,它连蹿带蹦,转眼之间就不见了。

铁木真兄弟很是失落,二弟哈萨尔发着牢骚："好不容易找到一只狼,却让它跑了。"

铁木真说："二弟,不要灰心,再找找,说不定这只狼就在附近。"

铁木真兄弟转了半天,来到一个断崖边。远远地,见三只小狼从

断崖处跑了出来，嘴里还发出"咿咿呀呀"的声音。铁木真和几个弟弟藏在一块大石头后面。就在这时，那只叼着兔子的狼出现了，它跑到三只小狼面前，把兔子放在地上。这只狼看着小狼分食兔肉。

二弟哈萨尔悄悄地说："大哥，这只狼没有注意我们，我正好一箭射死它。"

铁木真摇了摇头，低声道："二弟，不能。你看见没？这是一个母亲领着它的三个孩子。小狼那么小，如果我们射死了母狼，那三只小狼肯定会饿死的。"

二弟哈萨尔争辩道："我们打狼，还管什么小狼的死活？"

铁木真道："二弟，你错了。当年，咱们一家被部落抛弃，母亲带着我们，不是跟这只母狼一样艰难吗？"

这句话打动了哈萨尔的心，也说动了其他几个弟弟，他们都放下了弓箭。

尽管铁木真兄弟说话声音不大，可还是被机警的母狼发现了。它叼起那只没吃完的兔子，带着三只小狼转身就跑。铁木真兄弟望着这几只狼远去，没有追下去。

母狼带着小狼跑了很远，回头一看，见铁木真兄弟还站在原地，它朝天叫了两声，仿佛在向铁木真兄弟表达感激。

这天，铁木真兄弟没有打到狼。夕阳西下，兄弟几个快快而归。可还没到家门，母亲诃额仑就流着泪迎了上来。

铁木真大吃一惊："额吉，怎么了？"

原来，铁木真和弟弟出猎时，来了一伙强盗，家里的九匹马被他们抢走了八匹。

四弟说："我去追！"

哈萨尔说："你不能去，我去！"

铁木真说："你们都不要去，我去！"

铁木真追了四天，也没有发现那伙强盗。

第五天早晨，铁木真正走着，见前面有个马群，其间有个少年正蹲在一匹母马身下挤奶。铁木真跳下马，向少年问道："这位哥哥，你看见有人赶着八匹马吗？"

少年上下打量铁木真："你是从哪里来的，叫什么名字？"

铁木真说出了自己的名字。在交谈中，少年说，他叫博尔术。

博尔术说："刚才有几个人赶着七八匹马，但不知道是不是你说的强盗。"

铁木真目光坚毅地说："是他们，肯定是他们！我要把我家的马夺回来。不然，他们今天偷了我家的马，明天还不知要偷谁家的牛呢！"

博尔术很是佩服铁木真的胆气，他大义凛然地说："铁木真，看你的马已经很累了，想要追上他们并不容易。我家有这么多马，来，挑一匹脚力好的，我和你一起去。"

铁木真和博尔术一人一骑，向强盗的方向追去。正追着，见前面有八匹马正在吃草，铁木真跑到近前一看，果然是自己家的马。

铁木真和博尔术往回赶马。这伙强盗发现了铁木真和博尔术，立刻拿起刀枪奔铁木真和博尔术冲来。

铁木真摘下弓箭，大声喝道："这是我家的马！"

强盗恶狠狠地说："你怎么知道是你家的马？你叫它们，看看它们答应吗？"

蒙古族人自幼就在马背上成长，马就是蒙古族人的摇篮，蒙古族素有马背上的民族之称。马不仅是蒙古族人的交通工具，同时也是蒙古民族文化的重要组成部分。蒙古族人马上得天下，正是凭借马，蒙古族人才创造了空前的奇迹。

博尔术也用弓箭对着他们："胡说！你们偷了人家的马，还不讲理！"

几个强盗举着刀："就不讲理，你们能怎么样？"

铁木真道："我要惩罚你们！"

说着，铁木真一箭射出，正中最前面那个人的帽子，那人的帽子一下子就飞了，他的脸当时就白了。

铁木真又抽出一支箭："刚才我只是射掉他的帽子，你们再往前走一步，我就射瞎你们的眼睛！"

几个强盗见铁木真箭法如神，都不敢上前。

铁木真又道："你们还不滚？难道真逼我射瞎你们的眼睛吗？"

这伙强盗你看看我，我看看你，转身都跑了。

夺回自己家的马，铁木真非常感谢博尔术，他想分四匹给博尔

术。博尔术不但不要，还送给铁木真一只羊腿，一皮囊酸马奶，供铁木真路上食用。

铁木真被博尔术感动了，两个人紧紧地拥抱在一起。

多知道点

"四杰"和"四狗"

蒙古开国时有"四杰"和"四狗"八位大将军。"四杰"又称"四骏"，博尔术位列第一，其次是木华黎、博尔忽和赤老温；"四狗"又称"四勇""四先锋"，他们是哲别、速不台、者勒蔑和忽必来。成吉思汗把蒙古帝国分为左右两翼，木华黎任左翼首领，博尔术任右翼首领。蒙古族人以右为尊，因此，博尔术的地位要高于木华黎。

永不言败的成吉思汗

营救妻子

铁木真不畏强暴，夺回自己家的马，在草原广为传颂，人们都说铁木真像他父亲也速该一样，是天上的雄鹰，是草原上的骏马，将来一定会有一番作为。一些人相继来到铁木真身边，听从他的命令。

当时的人寿命比较短，因此，成亲也比现在要早一些。母亲诃额仑见儿子铁木真已经长成了一个棒小伙子，就想到当年丈夫为铁木真订的那门亲事。诃额仑催促儿子早日把媳妇娶过来。铁木真听了母亲的话，带上聘礼，来到岳父家。岳父岳母见铁木真身材高大，体格健壮，心中十分喜欢。两位老人把家里最珍贵的黑色貂皮大衣做陪嫁，送给女儿孛儿帖。

人一旦过上安逸的生活，往往会忘掉自己的雄心壮志。但是，铁木真没有。

铁木真婚后的生活是美满的，也是幸福的。他没有沉迷于眼前的美满幸福之中，他知道，一些敌人还在暗中窥伺他，说不定哪天会来杀他。铁木真必须时刻保持清醒的头脑，磨炼自己的意志，团结一切可以团结的力量。

铁木真要团结谁呢？他首先想到了父亲也速该生前的一位结拜兄弟，这个人是克烈部落首领，名叫脱斡（wò）邻，因为克烈部势力很大，他被推举为可汗。所以，人们都叫他脱斡邻汗。当年，脱斡邻汗遇难，也速该曾经救过他的命，脱斡邻汗非常感激。自从父亲去世，铁木

真一家贫困潦倒，但从没去找过他。现在，铁木真长大了，有了一些听命于他的部众，铁木真想去拜会一下脱斡邻汗。

铁木真跟妻子孛儿帖商量："脱斡邻汗是咱们的长辈，既然拜见长辈，就得有贵重的礼物。我想来想去，只有你陪嫁的那件黑貂皮大衣能算得上贵重。"

孛儿帖知道，铁木真的力量还很有限，需要像脱斡邻汗这样强大的外援，她没有犹豫："拿去吧，只要对我们的部众有利就行。"

铁木真把这件大衣献给脱斡邻汗，他恭恭敬敬地说："当年您和阿爸结拜为生死兄弟，阿爸死得早，您老人家就是我的父亲，我要像儿子一样孝敬您，请您收下儿子的一片真情。"

脱斡邻汗见铁木真出于赤诚，就收下了。他拍着铁木真的肩膀说："孩子，将来不论你遇到什么困难，你都可以随时来找我。"

夜里，铁木真的营地静悄悄的，铁木真和他的部众都沉浸在睡梦中。黎明时分，女仆从蒙古包出来上厕所，突然觉得大地好像在发颤。女仆拢耳细听，怎么像是马蹄敲击地面发出的声音！

女仆暗叫不好，她跑回帐中，推醒诃额仑说："夫人，我听见许许多多的马蹄声，好像有几百人向我们的营地扑来！"

诃额仑迅速把这个消息告诉铁木真，铁木真"扑棱"坐了起来，他几步蹿到帐外。"咚咚咚咚"，果然是马蹄声。

"不好，敌人来了，快走！"

铁木真把家人和部众全部叫起，他们来不及收拾东西，往山里就跑。

敌人旋风一样杀到铁木真的营地，他们见人就砍，见东西就抢，

见牲畜就夺。铁木真的将士寡不敌众，一边打，一边撤。

整整二十多天，敌人方才离去。铁木真走下山，清点部众，发现自己的妻子孛儿帖被敌人掳走了。

怎么办？追赶敌人拼命吗？敌人兵强马壮，如果去了，不但救不回妻子，自己的部众也可能有去无回。就这么忍了吗？不！容忍敌人就是毁灭自己！

铁木真四处打听，原来这股敌人来自蔑儿乞部落。这个部落有三大部族，周围的部落、部族都不敢招惹他们。当年，铁木真的父亲和蔑儿乞部落结过仇，他们一直想找也速该报复，可听说也速该死了，他们很是泄气。这两年草原上都在传，说也速该的儿子铁木真长大成人，身边聚集了一些部众。于是，蔑儿乞部落调集人马，想把年轻的铁木真杀死，占有铁木真的部众。

铁木真想到脱斡邻汗对自己说的话，他避开蔑儿乞人，几经周折，来到脱斡邻汗的营地，把这件不幸的事告诉脱斡邻汗，请求他帮自己救回妻子孛儿帖。

脱斡邻汗想给铁木真报仇，但是，他权衡自己的力量，要跟蔑儿乞部落较量，还没有必胜的把握。脱斡邻汗想到另一个人，他叫札木合。

脱斡邻汗说："既然你把我当成父亲一样尊敬，我就实话实说。蔑儿乞部落人多势众，光凭我们的力量是不够的，要是能联合札木合，我们的希望就大多了。"

铁木真心头一振："札木合？"

脱斡邻汗点点头："对，札木合年龄跟你差不多，但很有本事，他

是札达兰部的首领。"

札达兰部族是蒙古部落的一支，多年前从蒙古部落分离出去。札木合也是一个自强不息的人，铁木真小时候就认识他，他与铁木真曾经先后两次结拜为兄弟。这几年一直没有他的消息，没想到札木合成了札达兰部族的首领，铁木真喜出望外。

铁木真就去联络札木合，札木合爽快地答应了。就这样，脱斡邻汗、札木合和铁木真三支人马合兵一处，神不知、鬼不觉地杀向蔑儿乞营地。

蔑儿乞部落劫掠了铁木真部众的财产，抓走了铁木真的妻子，他们每日喝酒吃肉，唱歌跳舞，一点儿防备也没有。铁木真的人马一到，蔑儿乞部落就乱套了，他们抱头鼠窜，各自逃命。

铁木真在乱军之中高喊妻子的名字："孛儿帖，你在哪儿？我是你的丈夫铁木真，我救你来了！"

当时的草原很乱，到处都是你争我夺，你杀我砍。深更半夜，孛儿帖和一个女仆在一起，她们不知是哪来的人偷袭蔑儿乞营地，两个人也跟着蔑儿乞人一起跑。

奔跑中，女仆听到了铁木真的呼唤，她叫住孛儿帖："少夫人，你听，好像是铁木真首领。"

孛儿帖停住脚步，顺着声音的方向一看，见远处一个人一手举着火把，一手提着钢刀，果然是铁木真。

孛儿帖终于见到亲人了，她高声应道："铁木真，我在这儿！"

铁木真如愿以偿地救回了妻子。

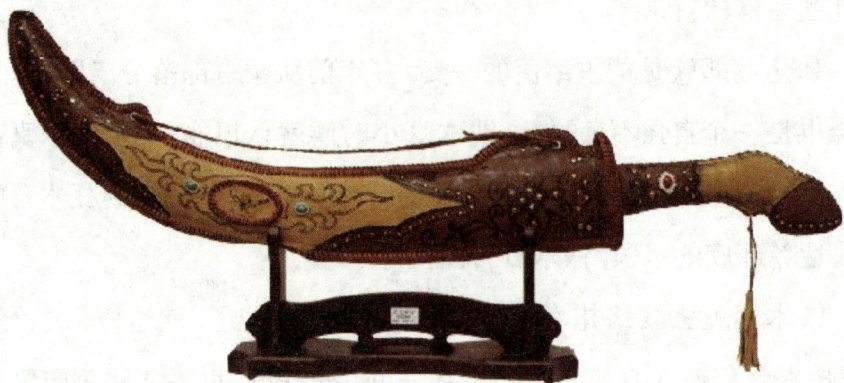

蒙古刀是牧民生活中必不可少的用具，它可以用来宰牛羊、吃肉，还可用来当装饰品，上面雕有精美的花纹或镶嵌五颜六色的宝石。

多知道点

蒙古谚语

好马在力气，好汉在志气。

不怕知识浅，就怕志气短。

贫门出好汉，骏马出良驹。

立志比山高，学问比海深。

结拜兄弟反目

札木合提出要和铁木真第三次结拜，进一步加深两个人的兄弟情谊。

两个人结拜后，札木合拉着铁木真的手说："铁木真兄弟，走，到我的营地去，我的营地有很多很多帐篷，足够你们住的。"

盛情难却，铁木真就带着自己的部众随札木合去了。

札木合给铁木真又送良马，又送黄金。铁木真也向札木合回赠一些礼物。两个人一起谈心，一起吃饭，甚至还在一个被窝里睡觉，十分亲密。

渐渐地，铁木真了解到，札木合想让铁木真听命于他，为他打仗，为他吞并周围的部落和部族。铁木真有自己的理想，有自己志向，他不能忘记父亲也速该临终前的嘱托，他要做一番轰轰烈烈的大事业。

铁木真犹豫起来，他不知该怎么向札木合解释。

一晃，一年半过去了，铁木真一直没有答复札木合。

札木合心中不快，他对铁木真说："你找个山坡下营吧，好让你的人马有住的地方；你找个河岸做牧场吧，好让你的部众有肉可吃。"

札木合的意思很明显，如果铁木真不答应，就要赶走他。

铁木真和身边的几员战将商量后，决定尽早离去。

铁木真把札木合送给自己的贵重礼物全部留下，他带上自己的部

众和家人走了。

途中路过泰赤兀部族的营地，二弟哈萨尔说："大哥，当年塔里忽台不但抛弃了咱们，还来杀咱们全家。以前咱们人少，不敢招惹他。现在人多了，该向他们算账了。"

铁木真深深地点点头说："是啊，泰赤兀部族首领塔里忽台不但和我们家有仇，还把我们的蒙古部落搞得分崩离析，今天正是重整蒙古部落的好机会。"

将领异口同声地高呼："消灭塔里忽台，重整蒙古部落！消灭塔里忽台，重整蒙古部落！"

群情激愤，士气高涨，铁木真挥舞大刀，一马当先冲进塔里忽台的营地。塔里忽台听说铁木真杀来了，吓得屁滚尿流，放几箭就逃跑了，整个营地都成了铁木真的战利品。

泰赤兀部族的人们奔走相告："也速该首领的儿子铁木真回来了！铁木真回来了！"

塔里忽台的部众归属了铁木真。铁木真重新树起蒙古部落的大旗，一些部落、部族也来投奔铁木真。部落里的人们燃起篝火，载歌载舞。短短的一年时间里，铁木真身边就汇集了几万人。

有四个德高望众的首领说："我们拥有这么多人马，铁木真首领应该称汗了。"

大伙立刻响应，众人围在铁木真身边，你一言，我一语地说——

"铁木真，你当我们的可汗吧。"

"如果你当了我们的可汗，打仗的时候，我们做前锋，战利品归你分配；狩猎的时候，我们率先冲出，打到的野兽奉献给你。"

"如果我们违反你的命令，就请你砍下我们的头，没收我们的财产。"

　　铁木真觉得自己的资历和阅历都不够，他想推辞。可是，铁木真越是谦虚，人们越是信任他。在大家的一再请求下，铁木真被推选为可汗。

　　"铁木真汗！铁木真汗！铁木真汗……"

　　蒙古部落营地沸腾了。

　　铁木真把这一消息告诉克烈部的脱斡邻汗，脱斡邻汗由衷地高兴，他说："蒙古部落分裂太久了，该有一位可汗号令整个部落了。"

　　脱斡邻汗送来贺礼，专程向铁木真祝贺。

　　铁木真又派人把这一消息告诉札木合。札木合心中一惊，看来，铁木真是要跟我争夺草原了。他沉着脸对来人说："铁木真刚刚离开我，你们就选举他为可汗，难道你们要离间我们兄弟吗？"

　　来人连忙解释："札木合首领，你是我们铁木真汗三次结拜的兄弟，我们就是有天大的胆子，也不敢挑拨你们兄弟的关系呀！我们不是这个意思，真的不是这个意思……"

　　札木合没有听他们多说，就把来人哄走了。

　　铁木真当了可汗之后，一批又一批部众投到他的身边，蒙古部落一天天壮大。这引起了札木合的强烈嫉恨，照这样下去，用不了几年，铁木真就会羽翼丰满，那时，他就成了我称霸草原的强劲对手。

　　怎么办？我该怎么办？

　　不久，发生了一件事，札木合终于有理由和铁木真翻脸了。事情的经过是这样的——

札木合的弟弟劫掠了铁木真的一群马。游牧民族爱马，马是他们的财富，偷马就是偷人家的财产。营地里的人纷纷出动，寻找马群。他们从中午找到黄昏，从黄昏找到半夜，天快要亮了，才发现盗马贼。模模糊糊的，人们看不清盗马贼长得什么模样，只想早点儿夺回自己的马群。有人一箭射出，札木合的弟弟中箭身亡。

札木合勃然大怒："好啊，铁木真，你这是向我挑战！"

塔里忽台被铁木真打败后，投降了札木合，他对札木合说："你帮他找回了老婆，他不知恩图报，反而射死你的亲弟弟，对这种白眼狼，绝不能手软。"

札木合知道铁木真英勇善战，不敢单独出兵。他联合十三个部落部族三万多人，气势汹汹地向铁木真的营地杀去。

一听札木合带来这么多人马，有人惊恐万状，尤其是射死札木合弟弟的人，他主动要求把自己绑上，交给札木合。

铁木真没有同意，他说："札木合的弟弟偷我们的马，这是他们错了。现在又带这么多人进攻我们，是错上加错。我们不能向恶势力屈服！"

铁木真把自己的所有人马调动起来，迎战札木合。可是，札木合毕竟是久经战场的老手，而铁木真还从来没有独立指挥过这么大的战斗。铁木真虽然骁勇善战，但部众的整体战斗力短时间内还不能充分发挥出来。铁木真见一时赢不了札木合，就下令退进山谷，保存实力。

札木合追到山谷，铁木真万箭齐发，札木合的军兵倒下很多。

札木合攻不进去，他就在山外面叫嚷："铁木真，是英雄，你就出

来；是狗熊，你就躲在里面。"

铁木真不上札木合的当，他说："札木合，你是英雄，你进来好了，我在山里等你。"

扎木合气急败坏，他叫人在山谷外摆了七十口大锅，下面架上木柴，水烧得翻滚。札木合瞪着猩红的眼睛对山谷里说："你们都听着，你们必须马上投降，如果不投降，我抓住你们就像他们一样……"

说着，札木合一声令下，把前几天战斗中抓到的俘虏全部扔进锅里活活煮死了。

札木合想以此恐吓铁木真，逼铁木真手下的将士投降。哪知，他这种极其残忍的行径不但没有吓住铁木真和他的部众，相反，却激起了人们的极大愤慨，都骂札木合心狠手辣。将士们纷纷请求出战，为惨死的人报仇。

铁木真保持着清醒的头脑，他对部众说："我们现在出去，正好中了札木合的诡计。君子报仇，十年不晚，大家记住这笔血债，早晚有一天，我们会干净彻底地消灭札木合。"

历史上把这次战争叫十三翼之战。十三翼之战，铁木真虽然在战役上失败了，但他却在道义上取得了胜利。

最先提出立铁木真为汗的四人

　　答里台、撒察别乞、阿勒坛和忽察儿是最先提出立铁木真为可汗的四个人。这四个人都拥有高贵的血统，除了忽察儿，其他三人都是铁木真的父辈，他们每人拥有一支部众。最初，这四个人对铁木真有很大帮助，后来却相继背叛。答里台、阿勒坛和忽察儿三人因为抢夺战利品，被铁木真处罚，三人投奔了王汗。撒察别乞不听调遣，在铁木真进攻塔塔尔时，劫掠了他的老营。这四个人，只有答里台得到了成吉思汗的宽恕，其他三人全被处死了。

识破金朝的阴谋

自从金朝灭了北宋，取得中原，塔塔尔部落就依附于金，成为金朝控制草原的一根钉子。可是，近几年，塔塔尔部落对金朝统治者的不满情绪与日俱增。最近一年里，金朝不断向塔塔尔索要良马，塔塔尔不给，金廷就派丞相完颜襄兴师问罪。

强大是相对的。对于草原各部落部族来说，塔塔尔是强大的，但对于拥有淮河以北广阔领土，拥有北京、西安、洛阳、开封等富裕城市的金朝来说，塔塔尔与它就像猫和虎的对比，相差十分悬殊。

尽管如此，金朝要打塔塔尔还是不容易的，因为塔塔尔是草原民族，游牧部落。游牧部落有个最大的优点，能打就打，不能打拆了帐篷，装上车就走。游牧部落除了牲畜和帐篷，几乎没有别的财产。不像中原的农耕民族，他们烧砖筑城，垒土造屋，一旦离开房子便一无所有。

金朝兴起于东北的白山黑水之间，他们虽是渔猎民族，但是，也有草原。当初，他们对草原生活也是熟悉的。随着入主中原，他们不断汉化，金廷的官员和百姓大都住进了房屋，渐渐地对草原陌生了。

完颜襄领兵八万，在人数上，占绝对优势。可塔塔尔利用草原的地形地貌，完颜襄一来，他们就躲进山里；完颜襄一走，他们就杀出来。完颜襄常常被打的措手不及。双方如同蚊子和狮子的较量，狮子

35

永不言败的成吉思汗永不言败的成吉思汗

虽然身大力猛，但打不着蚊子，蚊子却可以随时叮咬狮子。

完颜襄抓耳挠腮，急得在帐中团团转。怎么办呢？

完颜襄突然想到铁木真。我们不熟悉草原情况，铁木真熟悉。前不久，铁木真不是称汗了吗？他不是被札木合打败了吗？现在的他不是正需要外援吗？我为什么不能利用他来制服塔塔尔部落呢？

完颜襄邀请铁木真来到大营，他摆上丰盛的宴席，一边吃，一边说："铁木真，如果你能帮助朝廷平定塔塔尔部落，你不但可以得到丰厚的赏赐，朝廷还可以承认你的可汗地位，你看怎么样？"

铁木真痛恨金朝，当初自己的祖先俺巴孩就是被金廷活活钉死在木驴上的。但是，铁木真更恨塔塔尔人。祖先俺巴孩虽是被金朝钉死的，可他却是被塔塔尔人送给金朝的。还有父亲也速该，老人家就是被塔塔尔人用毒酒毒死的。杀父之仇，不共戴天！如果能利用金廷消灭塔塔尔，也算是为祖先和父亲报了仇。

铁木真说："丞相这么看得起铁木真，铁木真愿意为丞相效力。"

完颜襄说："那这样吧，我们分头行动，我的大军假装撤退，把塔塔尔人引到河边，你从后面出击。"

铁木真同意了完颜襄的部署。可是，在返回自己营地的途中，铁木真觉得不对劲儿。金廷向来言而无信，说话不算数，我帮助金兵打败塔塔尔，万一完颜襄转过头来向我进攻，这可是灭顶之灾呀！

想到这儿，铁木真出了一身冷汗。铁木真又想到了脱斡邻汗，这么大的事，我得先和他老人家商量商量。

克烈部落与塔塔尔也有旧仇，当年，塔塔尔部落依仗金朝的势力总是欺负其他部落部族，脱斡邻汗的祖父就死在塔塔尔人手里。

脱斡邻汗觉得铁木真的判断有道理，不能把自己的命运系在完颜襄身上。

脱斡邻汗说："咱们分兵两路，你去攻打塔塔尔人的后队，我攻打塔塔尔人的侧翼。这样，消灭塔塔尔部落后，我们就像牛的两个犄角一样，无论完颜襄向我们哪方动手，另一方都可出兵相救。"

铁木真佩服脱斡邻汗想得周到。

铁木真行动迅速，很快追上了塔塔尔人，双方恶战在一起。

完颜襄听说双方打了起来，他坐山观虎斗，只等铁木真和塔塔尔人筋疲力尽之时，再出来把铁木真和塔塔尔人全部消灭。

完颜襄正在打如意算盘，脱斡邻汗的人马像一把尖刀，直插塔塔尔部落的软肋。在脱斡邻汗和铁木真两支人马的夹击下，塔塔尔溃不成军，一败涂地，就连他们的首领也被杀了。塔塔尔的营地全部落到铁木真和脱斡邻汗手中。

等完颜襄率金兵到来，见铁木真和脱斡邻汗正在欢庆胜利呢！

因为有脱斡邻汗的大军在，完颜襄没敢对铁木真轻举妄动。可是，一计不成，他又生一计。完颜襄奏请金朝皇帝，封铁木真为总兵，而封脱斡邻汗为王。脱斡邻既是可汗，又被封王，从此人们叫他为王汗。

在这场战争中，铁木真的功劳大，可他得到的官职却比脱斡邻汗小；脱斡邻汗的功劳小，封的官职却比铁木真大。完颜襄想在铁木真和脱斡邻汗之间制造矛盾，让他们二人相互猜疑，大打出手。

然而，铁木真的大度远远超出完颜襄的想象，他不但没有忌恨王汗，还向王汗道贺。完颜襄的阴谋又一次破产了。

永不言败的成吉思汗

多知道点

金朝的兴起

　　金朝是女真人建立的王朝。此前,女真人归属辽国。辽国的银牌天使(官职名,即手持朝廷银牌的钦差)经常到女真人聚集地视察。视察期间他们作风恶劣,行为不端,激起了女真人的强烈反抗。1114年阴历九月,女真人完颜部首领阿骨打以2500人誓师起义,1125年阴历五月阿骨打灭辽。19个月后,金兵攻陷北宋都城开封,宋徽宗和宋钦宗两个皇帝成了俘虏,二人被押到五国城(今黑龙江省依兰县城北旧古城)软禁至死。

敬酒风波

随着铁木真势力的增强，投奔他的人更多了。为了欢迎这些人，铁木真在营地的树林里举行盛大宴会。

宴会开始，铁木真端起马奶酒，敬天、敬地、敬祖先，这是蒙古族人的礼节。

然后，铁木真把第一碗酒敬母亲诃额仑。第二碗敬二弟哈萨尔，因为在十三翼战争中，哈萨尔在山谷里射杀了数以百计的敌人，迫使札木合不敢踏进山谷一步。第三碗酒敬撒察别乞。

撒察别乞是主儿乞部族的首领。主儿乞和孛儿只斤氏属于近亲氏族，他们同为合不勒汗的子孙。主儿乞氏的祖先是合不勒汗长子的后代，名叫莎儿合秃主儿乞，属于乞颜氏的长支贵族。它的部众是蒙古各部中的精华，以能征善战闻名于蒙古草原，在乞颜部中具有左右形势的地位。

尽管铁木真和撒察别乞两个人辈分相同，但撒察别乞出生于"长门长支"的主儿乞部族，何况在立铁木真为可汗的时候，撒察别乞是四位发起人之一。因为这层原因，撒察别乞，包括他的生母，都认为铁木真应该高看他们一眼。

因此，在铁木真敬酒的时候，撒察别乞和他的生母都觉得铁木真第一碗酒敬诃额仑也算说得过去，但第二碗酒应该敬撒察别乞，而不

是哈萨尔。

大伙都高高兴兴，只有撒察别乞和他的生母生闷气。

铁木真并没注意，敬完酒后，他回到自己的座位。

宴会上的马奶酒分别盛入一个个皮囊中。斟酒人提着皮囊，一皮囊一皮囊地往桌子上摆。每张桌子坐两个人，每两个人摆一皮囊马奶酒。撒察别乞的生母和次母同坐一桌。斟酒人把一皮囊马奶酒放在两个女人的桌上。由于人多，斟酒人着急，皮囊没摆在她们中间，而是偏于撒察别乞次母一边。

撒察别乞的生母勃然大怒，她大骂斟酒人："难道你的眼睛瞎了吗？我是主儿乞部族的长夫人，是撒察别乞的生母，你居然把马奶酒摆在别人面前，你把我当成什么了？来人！把这个不懂礼节的畜生拉下去，给我狠狠地抽二十鞭子，让他知道知道什么是长幼尊卑。"

撒察别乞生母一声令下，主儿乞人把斟酒人拉到一旁，举鞭就打。

仅仅因为这么一点点小事，斟酒人挨了一顿鞭子。

人们都以为撒察别乞会为斟酒人求情，只要他一求情，这件事就过去了。可是，撒察别乞低着头，自斟自饮，斟酒人被打，他仿佛没看见一样。铁木真几次看他，撒察别乞都无动于衷。

撒察别乞生母打的是斟酒人，其真实的目的是向铁木真发泄心中的不满。说得严重一些，她打的是铁木真。这一点，席间的每一个人都明白。

铁木真忍而未发。然而，事情并没有到此为止。

铁木真不但爱马，还喜欢马笼头、马鞍、马镫之类的马具。他的马鞍、马镫都是经过精心挑选，精工制作的，并由四弟别勒古台专门

看护。

别勒古台不忍看斟酒人挨打，他离开宴席，想给铁木真的马加点草料。远远地，见铁木真的马不停地踢踏地面，样子很是烦躁。别勒古台疾步走到近前，却见一个人在偷铁木真的马笼头。

别勒古台是个大力士，他一把抓住行窃者的腕子。别勒古台没用多大劲，可就是这样，那人也受不了，他大叫："唉呀！疼死我了。"

别勒古台怒斥："你好大的胆子，居然敢偷可汗的马笼头……"

别勒古台的话还没说完，有人冷不防对着他就是一刀。别勒古台的注意力都在行窃者身上，突然见刀光一闪，别勒古台急忙撒手撤身，可还是慢了点儿，他的肩被刀划伤。

别勒古台回头一看，见是个大汉。别勒古台认识他，在辈分上大汉还是别勒古台的叔叔。不过，大汉一直跟随撒察别乞，是撒察别乞最信任的人。

行窃者趁机跑了。

大汉倒打一耙，他指责别勒古台："你仗着铁木真汗的势力就可以到处欺负人吗？"

别勒古台忍着伤痛，跟大汉争辩："我没有仗势欺人，是他在偷可汗的马笼头。"

两个人越吵话越多，一群主儿乞人手持刀枪围了上来，别勒古台手下的军兵也围了上来，双方剑拔弩张。

在树下主持宴会的铁木真听到争吵，他问发生了什么事情，别勒古台把刚才的经过说了一遍。

联想到刚才撒察别乞和他生母的举动，铁木真的火"腾"就上来

了。铁木真对那群主儿乞人喝道："怎么？你们还敢动武吗？"

大汉和那群主儿乞人不敢正视铁木真。

铁木真又道："来人，把他的兵刃拿下！"

铁木真的军兵上前就把大汉和那群主儿乞人的刀枪夺了过去。撒察别乞和生母见势不妙，连连向铁木真告饶："铁木真汗，这是误会，误会。"

别勒古台也劝铁木真："大哥，马笼头没被偷走，我的伤势也不重，不要因为这件事伤了部落的和气。"

斟酒人无端被打，撒察别乞装作没看见；铁木真要处罚大汉和那群主儿乞人，别勒古台却来劝铁木真。这么一对比，谁好谁坏众人一目了然。

这件事过后，撒察别乞表面对铁木真服服帖帖，背地里却总想报复。铁木真调集所有的人马和脱斡邻汗一同进攻塔塔尔部落，撒察别乞却按兵不动，直到这场战役结束了，也没见撒察别乞的影子。

撒察别乞心怀叵测，他想等铁木真和塔塔尔两败俱伤时，对铁木真发起致命一击。没想到，铁木真和脱斡邻汗的联军把塔塔尔部落打得落花流水。杀铁木真已经不可能，趁铁木真没有回来，撒察别乞劫掠了铁木真的老营，抢走大量财物，还杀了十几个人。

铁木真可以容忍一切，但不能容忍背叛，他派兵抓住了撒察别乞。

铁木真对撒察别乞说："当初立我为可汗，你是四位发起人之一，看在这个份上，我一直在包容你，原谅你，可你却在背后捅我一刀，你还有一点人性吗？"

撒察别乞嘴很硬："铁木真，少啰唆，要杀就杀，想砍就砍。"

铁木真说：“我本想留你一命，既然你这么说了，那就成全你！”

铁木真处死了撒察别乞，那个大汉却在暗中笼络一些人，试图给撒察别乞报仇。铁木真想，当断不断，反留后患，不如趁早收拾掉他。

大汉是著名的摔跤手，蒙古部落没有人能摔过他。铁木真心生一计，你不是能摔跤吗？我就从摔跤上下手。

别勒古台伤愈之后，铁木真对大汉说：“你是大力士，别勒古台也是大力士，你们两个能不能给我表演一下？”

大汉只得听命。他本来是能够摔倒别勒古台的，但见铁木真在一旁看着，他心里有点儿发虚。别勒古台趁机用力，脚下一个绊子，把大汉摔倒在地。别勒古台看了铁木真一眼，铁木真咬了一下嘴唇。别勒古台心领神会，他用膝盖压住大汉的后背，猛地一扳他的头，折断了他的脖子，大汉就这样被处死了。

蒙古摔跤手铜雕

多知道点

蒙古族传统娱乐活动——摔跤

摔跤，蒙古语称为"博克"，是蒙古民族的传统娱乐活动。13世纪在蒙古已经广泛流行。一般来说，摔跤手被摔倒并不算输，只有使其双肩着地才行。因此，为达到这个目的，参赛者可以用各种手段去制服对方，有时难免发生伤残和死亡。进入当代，在蒙古族的那达慕大会上，摔跤已经成了一个必不可少的项目，大大地增加了人们的观赏情趣。

脖子中箭

在蒙古部落的草场上，男人放牧，女人挤奶，孩子嬉戏，牛羊遍野，一派安乐祥和的景象。这天，一匹马向铁木真的营地飞驰而来。

站岗的军兵拦住他："站住，干什么的？"

这个人浑身是土，简直跟个土人差不多。他急切地说："快让我去见铁木真汗，出大事了！"

军兵把他带到铁木真面前，铁木真叫人端来一碗水，说："这位兄弟，不要着急，慢慢说。"

那人接过水，"咕嘟咕嘟"喝了个精光，然后说："铁木真汗，札木合纠集十一部人马，正悄悄地向您的大营杀来……"

泰赤兀、蔑儿乞、塔塔尔等部族或部落在跟铁木真的对抗中纷纷败下阵来。然而，他们并不甘心自己的失败，时刻都想杀铁木真复仇，尤其是泰赤兀部族首领塔里忽台，他每天跟在札木合身后，经常给札木合出坏主意。在塔里忽台的提议下，这些部族部落首领跑到札木合营地，推举札木合为可汗，立他为众汗之汗，众王之王，一起攻打铁木真。

有人捧自己，札木合当然高兴。"众汗之汗，众王之王"的札木合想调动更多的人马，一举消灭铁木真。可是，这只是札木合一厢情愿的事。札木合的残暴远近闻名，许多分散在草原上的部族都不愿和他在一起。札木合七拼八凑，总算凑了十一支人马。

上次十三支人马都没能使铁木真伤元气，这次十一支人马能打败

永不言败的成吉思汗

铁木真吗?

札木合总结上次教训,他改变策略,不再明目张胆地进攻铁木真,而是悄悄地向铁木真的营地靠近,试图出其不意,攻其不备,发起突然袭击,使铁木真毫无还手之力。

人心的向背,决定一个人的成败。札木合军中,有人不顾杀头风险,专程跑来向铁木真报信。他就是铁木真面前的这个人。

铁木真拉着他的手说:"兄弟,你来得太及时了,太谢谢你了!"

铁木真不敢轻敌,他一面调集自己的人马,一面火速派人向克烈部王汗求援。王汗立刻带兵和铁木真汇合,两个人来个先下手为强。还没等札木合出战,铁木真和王汗的人马就一同杀了过去。

双方激战之时,突然刮起沙尘暴。沙尘暴从铁木真和王汗这边刮向札木合那边。这下札木合的人马可吃不消了,漫天的沙尘钻进他们的眼睛、鼻孔,他们睁不开眼,喘不过气,十分的战斗力,连三分也发挥不出来。

铁木真和王汗顺势而下,札木合的十一部人马溃不成军。

铁木真和王汗分兵追击。王汗追札木合,札木合逃回自己的营地。王汗尾随而至,札木合弃营逃走。

这仗札木合败得太惨了,牛羊和帐篷都成了王汗的战利品,札木合连睡觉的地方都没有了,他手下的残兵败将一个个跟乞丐差不多。

札木合想,不行,我得捞回来。找谁捞呢? 他当然不敢找铁木真,也不敢找王汗。令人意想不到的是札木合向他的同盟者开刀。札木合抢掠了拥立他为可汗的几个部族的营地。那些人不甘心,又联合起来攻打札木合,札木合只身逃走,成了光杆司令。

铁木真追杀塔里忽台,塔里忽台派一个神箭手埋伏起来。见铁木

真来了，神箭手一箭射出，这支箭射中了铁木真的脖子。铁木真生命垂危。可是，铁木真的部将十分爱戴他，不惜一切代价抢救他。有位战将一口一口地为铁木真吸瘀血，又冒着生命危险去为铁木真找水喝。

在部将的全力救治下，铁木真逃出了鬼门关。人们恨死了向铁木真射箭的那个人，可偏偏在这个时候，那个神箭手来投奔铁木真。

铁木真问："你们知道向我放箭的人是谁吗？"

神箭手的心怦怦直跳，他如实地承认了："铁木真汗，是我……"

铁木真身边的将士怒火满腔："好啊，我们正想抓你呢，你自己却送上门了。"

将士们要杀这个神箭手，铁木真制止了他们。铁木真对神箭手说："你完全可以不承认，可你承认了，这说明你是一个诚实的人，一个正直的人，一个高尚的人。我的伤已经没有危险了，如果杀掉像你这样的好人，那我不也成札木合了吗？"

铁木真不但没有杀这个神箭手，还把他留在自己身边加以重用。这件事以后，投奔铁木真的人更多了。

多知道点

蒙古谚语

勇士帮助弱者，良才辅佐圣贤。

鞍子结实，不惧烈马；意志坚强，不畏劲敌。

先长出的头发，没有后长出的胡子坚硬；先长出的耳朵，没有后长出的犄角坚硬。

永不言败的成吉思汗

发兵救王汗

乃蛮是新疆东北的一个古老部落，他们称雄西部草原近百年，根深蒂固，很难对付。可就在不久前，乃蛮的老可汗死了，他的儿子因为争夺继承权而分成两支：一支是太阳汗，一支是不亦鲁黑汗。

王汗联合铁木真进攻不亦鲁黑。不亦鲁黑见铁木真和王汗人多势众，不敢与之正面交锋，他一边打，一边退。

这天，铁木真和王汗率领各自人马正追着，一条大河横在面前。见天色已晚，铁木真担心夜里过河，不亦鲁黑趁机杀个回马枪，给自己和王汗造成重大损失。铁木真提出和王汗分头扎营。这是行军打仗的通常做法，如果敌人攻击其中一方，另一方可以迅速增援。

王汗扎下大营，吃完饭，正准备休息，哨兵推进一个人。酥油灯下，王汗一眼认了出来，这不是札木合嘛！

札木合既是铁木真三次结拜的兄弟，也是铁木真的仇人，王汗下令杀了他。

札木合毫不畏惧，他说：“我有几句话，让我说完再杀也不迟。”

王汗说：“你死到临头了，有什么话就说吧。”

札木合说：“尊敬的王汗，铁木真暗中派人到不亦鲁黑的营地，你知道吗？”

王汗冷笑：“铁木真要引不亦鲁黑出战，有什么不可以吗？”

札木合说：“王汗哪王汗，你不算太老，怎么这么糊涂啊！如果铁

木真引不亦鲁黑出战，他能不告诉你吗？既然不告诉你，就说明这里有问题。"

王汗一愣："什么问题？"

札木合说："这不是明摆着嘛，铁木真要联合不亦鲁黑消灭你。以前，他碍于你们之间的交情，不好直接出兵打你。现在机会来了，他要借不亦鲁黑之手除掉你，然后和不亦鲁黑平分你的草场。"

王汗怒道："胡说！铁木真不是那样的人。你再胡说八道，我就先割掉你的舌头！"

札木合心里打鼓，脸上却很自然："你可以割掉我的舌头，但我还是劝你把大营扎到别的地方，看看铁木真到底干什么。"

札木合这么一说，王汗犹豫了。王汗只有一个儿子，他叫桑昆。桑昆主张拔营起寨，验证札木合的话是真是假。

王汗连夜撤兵，铁木真的哨兵把情况报告给铁木真。铁木真大惊，王汗撤走，怎么也不和我打个招呼？万一乃蛮杀来，我一支人马怎么抵挡得了？

半夜时分，乃蛮军队果然杀向铁木真的营地。不过，铁木真的营地已是一座空营。铁木真发现王汗撤走，他也撤了。乃蛮军队扑了个空，转而向王汗杀去。王汗措手不及，被杀得大败，吃的、用的、住的全丢了，就连克烈部落的百姓和牲畜也都被乃蛮人劫走了。

札木合对王汗说："我就说铁木真勾结乃蛮，你还不信，怎么样？"

王汗半信半疑，他派人向铁木真求援，请他进攻乃蛮军队。王汗想：如果铁木真进攻，就说明他没有勾结乃蛮；如果铁木真不去进

攻,那札木合所说的就确实无误了。

王汗的人到了铁木真大营,铁木真责问道:"你们为什么突然撤军?如果不是我发现及时,今天惨败的就是我铁木真!"

那人道:"铁木真汗,我们王汗老了,糊涂了,他听信了札木合的谎言。"

铁木真很是吃惊:"什么?王汗收留了札木合?"

铁木真的部将非常生气,他们劝铁木真不要管王汗。铁木真没有这样做,他念及王汗对自己的旧恩,派精兵强将杀向乃蛮。

此时,乃蛮部把克烈部包围在一座山上,尽管王汗和桑昆父子奋力拼杀,可仍然无法突出包围圈。

"嗖"一支箭射来,正中桑昆的马腿,"扑通",桑昆一个跟头从马上摔了下去。有个乃蛮将领上前就是一刀,桑昆往旁一滚。可刚躲过这刀,一条枪直奔桑昆的咽喉刺来,桑昆又往旁一滚,"咣",桑昆撞在一棵树干上。乃蛮将领又一刀劈向他,因为有树挡着,桑昆无处可躲,他眼睛一闭,静等一死。

"啊——""啊——"

桑昆没觉得疼,这是谁在叫?他立刻睁开眼睛,却见铁木真的一员大将站在近前。这员大将的刀滴着血,旁边有两具死尸。

"桑昆首领,快起来,我们一起杀出去!"说着,这员大将在马上探身把桑昆拉了起来。

有人给桑昆牵过一匹马,桑昆来了精神,王汗也来了精神,乃蛮部落最终败走。

王汗在与乃蛮的战斗中损失惨重,铁木真把所得的战利品都给

了他。没几天，铁木真又把克烈部的百姓和牲畜找了回来，全部交给王汗。

王汗激动得热泪盈眶，他说："我年轻的时候，也速该救过我的性命；如今，我老了，也速该的儿子铁木真不但救了我的命，还把我的百姓和牲畜送还给我。他们两代人的恩情，克烈部落永远也不能忘记。"

多知道点

王汗与克烈部

脱斡邻兄弟五人，他是长子。因为五兄弟不和，父亲生前把营地一分为五。脱斡邻不甘心，他杀死了老三和老四，老二见势不好，投奔到乃蛮。这引起了脱斡邻叔叔的不满，他带兵驱逐了脱斡邻。脱斡邻与也速该结拜为兄弟，在也速该的帮助下，脱斡邻打败了叔叔，二次控制克烈部。后来，老二借助乃蛮的势力，赶走了脱斡邻，脱斡邻又逃到也速该身边，也速该再次出兵，脱斡邻第三次控制克烈部，后来成了王汗。然而，当王汗和铁木真联手攻打塔塔尔时，老二再次引乃蛮兵占据了克烈部。王汗归来，被老二和乃蛮兵杀得大败。王汗穷困潦倒，投到铁木真营地，铁木真出兵，王汗第四次控制克烈部。这次王汗和铁木真联合进攻乃蛮，就是向乃蛮复仇，杀老二。

与克烈部的生死对决

在打乃蛮部不亦鲁黑时,铁木真和王汗之间出现了裂痕。铁木真想与王汗结为儿女亲家,修补与王汗的关系。

王汗热情地接待了铁木真,并当即表示:"我们两个部落早就应该结亲了。"

一旁的桑昆却说:"怎么结亲?谁娶谁?谁嫁谁呀?"

铁木真说:"我把女儿嫁给你的儿子,你把妹妹嫁给我的长子,你看行不?"

桑昆冷冷地说:"不行!"

铁木真问:"有什么原因吗?"

桑昆嘲讽地说:"你们家门槛太高,我妹妹侍候不了你们。"

铁木真被桑昆泼了一盆冷水,他讪讪地离开了克烈部。

王汗痛骂桑昆不识好歹,桑昆不愿听父亲的絮叨,他起身回了自己的营地。

札木合却迎了上来,他一副忧虑的样子对桑昆说:"近来,铁木真灭了塔塔尔,他的势力更大了。也许你父亲王汗活着的时候,铁木真不会打克烈部的主意。一旦老人家去世,那可就难说了。"

札木合的话说到了桑昆的心里,他也觉得铁木真对克烈部构成了威胁。桑昆说:"我要杀铁木真,你有什么办法吗?"

札木合眼珠一转,对桑昆说:"铁木真不是要来提亲吗?你请他

来约订婚期。只要他一到，我们就把他干掉。"

"好！这个主意好！"桑昆说。

可是，要杀铁木真，必须征得王汗的同意，因为，桑昆能调动的军队很少，兵权都在王汗手中。桑昆一开口，便遭到王汗的反对："铁木真救过我们的命，你这样忘恩负义，老天爷会惩罚你的！"

桑昆又气又急："不杀铁木真，等你死后，就让铁木真来杀我吧！"

一听这话，王汗没词儿了。王汗只有桑昆一个儿子，谁不疼爱自己的儿子呢？

桑昆准备一场鸿门宴，派人去请铁木真。铁木真带着几个随从，高高兴兴地向克烈部走去。途中天色已晚，铁木真住在一户老牧民家。

老牧民怀疑桑昆的为人，他对铁木真说："结亲的事，桑昆不是回绝了吗？怎么现在又约你赴宴？这其中会不会有什么诡计呀？"

老牧民的话提醒了铁木真。第二天一早，铁木真返回自己的营地，另派他人去了克烈部。

札木合一计不成，又生一计。他让桑昆集合克烈部的所有人马，以迅雷不及掩耳之势，杀向铁木真的营地。桑昆犹豫不决："铁木真刚刚消灭塔塔尔，他那么多人马，我们打得过他吗？"

札木合诡秘地一笑："铁木真人马虽多，可都不在他身边。"

说着，札木合叫进几个人。

在铁木真消灭塔塔尔时，有几个重要的首领违反军令，铁木真处罚了他们。这几个人怀恨在心，他们找到札木合，密谋要杀铁木真，札木合把他们带到了桑昆的营地。

桑昆喜出望外，他问这几个人："铁木真身边有多少人？"

那几个人说:"除了妇女和孩子,能打仗的连三千人都不到。"

桑昆异常兴奋,他说服了王汗,把所有的将领召集到一起,宣布了进攻铁木真的决定。有两个人对桑昆的行为极为愤慨,连夜把这件事告诉给了铁木真。

铁木真慌而不乱,他命人把营地的男女老少全都叫醒,什么锅碗勺盆,金银财宝,都不要了,铁木真带着这些人迅速往山里撤。

王汗调集军队,分五个波次向铁木真的山头发起冲锋。王汗心中有愧,觉得对不起铁木真,他不想与铁木真正面冲突,可又觉得桑昆没有能力指挥全军。于是,把指挥权交给了札木合。

札木合恨铁木真,也恨王汗。当初,他的十一路大军就是被铁木真和王汗的联军打败的。札木合最希望双方相互消耗,两败俱伤,以便自己从中渔利,东山再起。

札木合暗中给铁木真送信,透露了王汗的部署。铁木真调整军队,严密防控。克烈部一波接一波攻向铁木真。眼看四波过去了,还没有抓住铁木真。

桑昆觉得自己有两下子,他大叫:"你们这些饭桶,铁木真就这几个人,你们都攻不上去,看我的!"

桑昆催马往山上冲,可刚跑没几步,也不知从哪里飞来一支箭,正中他的面颊,桑昆翻身落马。桑昆是王汗的宝贝疙瘩,桑昆受伤,打乱了王汗的部署。铁木真见敌人进攻减弱,迅速转移。

铁木真且战且走,克烈部紧追不舍。当铁木真退进一个山谷时,他身边只剩了十九人。铁木真和将士们相互鼓励,坚持战斗,绝不屈服。

铁木真一面召集自己分散在草原各地的部众,一面派人给王汗捎

口信，拖延克烈部进攻的时间。

当时蒙古部落还没有文字，铁木真的口信中说："亲爱的王汗父亲，我们不是说好了吗？如果有人挑拨我们之间的关系，我们谁也不要相信，当面把事情说清楚，您为什么还要相信札木合的谗言呢？铁木真有什么地方做错了，您老人家打我骂我，我都毫无怨言，因为铁木真和您就像一辆车上的两个轮子，谁也离不开谁。我们有什么事不能坐下来商量，非要拼个你死我活呢？"

铁木真言辞恳切，句句打动人心，王汗悔恨不已，他说："我对不起铁木真哪！"

铁木真不但给王汗捎口信，还给札木合和昆桑捎口信，给背叛他的那几个将领捎口信。克烈部军心动摇了，士兵懈怠了，王汗没有心思打仗了。而与此同时，铁木真的各路人马正陆续向他集结。

铁木真分兵派将，趁夜杀向王汗。王汗猝不及防，溃不成军。

这场仗整整打了三天三夜，克烈部全军覆没。桑昆在西逃途中被杀，王汗跑到乃蛮。

如今不亦鲁黑已经死了，他的部众全归了太阳汗。太阳汗的一个将领抓住了王汗。

王汗说："我是王汗，请你放了我吧，我一定报答你。"

这个将领鄙夷地说："王汗是克烈部落的首领，是草原的雄鹰，像你这种丧家犬也敢冒充王汗？"

这个将领叫人把王汗押到空地上，一刀两断。

王汗临死前说："我疏远了不该疏远的人，听了不该听的话，惹了不该惹的人。"

班朱尼盟誓

克烈部大军向铁木真的营地发起突然袭击，铁木真败走班朱尼河（今呼伦湖西南），身边仅剩十九人，他大呼："谁助我完成大业？"十九人齐声答道："我！"铁木真与这十九人盟誓，铁木真说："若使我克定大业，当与诸人同甘共苦。苟渝此言，有如河水！"铁木真收拢部众约四千六百人，夜袭王汗，转败为胜。班朱尼盟誓因此被载入史册。

争取汪古部

克烈部落与乃蛮部落相邻，克烈部被灭，乃蛮部首领太阳汗坐不住了，他想趁铁木真立足未稳，消灭铁木真。

说起太阳汗，就得先说太阳汗父亲的小妾。

太阳汗的父亲有个小妾，长得特别漂亮。父亲死后，尸骨未寒，太阳汗和他的哥哥不亦鲁黑就为这个小妾打了起来。不亦鲁黑战败而走，太阳汗得到了小妾，乃蛮部一分为二。后来，就发生了王汗联合铁木真攻打不亦鲁黑的战争。不亦鲁黑的死有两种说法：有人说是铁木真杀的，有人说是太阳汗害的。

不亦鲁黑死后，太阳汗把他的部众收归自己所有。乃蛮部统一了，力量恢复了，太阳汗觉得自己了不起了。就在这时，王汗兵败，被太阳汗手下一个将领杀了。那个将领杀完之后，觉得自己的行为有点儿草率，就把这件事报告给了太阳汗。

太阳汗没当回事，被杀的人是不是王汗与我什么关系？那小妾却对太阳汗说："王汗毕竟是贵族，是一部之首。我看叫人把那颗人头送来，我们辨认一下，如果是王汗，就把他安葬了吧。"

人头送到，果然是王汗。

小妾摆上供品，追悼王汗。可不知为什么，王汗的人头却向小妾露出一丝微笑。太阳汗醋意大发，他叫人把王汗的头颅砸碎了。

永不言败的成吉思汗

太阳汗又在他的将领面前抖威风，他说："蒙古人打败了克烈部，他们要在草原上称王称霸。你们去，把他们的弓箭抢过来，把他们的刀枪夺过来。"

太阳汗说得十分轻松，仿佛过家家一样。

那个小妾用调侃的语调说："没有这个必要吧，那些蒙古人穿得又脏又破，浑身一股羊膻味，还是让他们离我们远点儿吧。"

太阳汗不以为然："管他脏不脏，破不破，把他们赶过来，让他们给我们放羊。"

如今，那些被铁木真打败的人，都跑到了太阳汗身边。札木合也是其中的一个，他给太阳汗出主意："蒙古部落很强大，要想打败铁木真，必须联合汪古部落。"

太阳汗眼睛一瞪："他强大，难道我就不强大吗？"

札木合只得随声附合："太阳汗是强大，可如果联合汪古，我们就会减少一些不必要的牺牲。"

太阳汗勉强接受了这个建议。

汪古是一个温和的部落，这个部落位于今天内蒙古草原的最南端，与当时的金朝和西夏关系不错。这个部落唐朝时叫沙陀，是唐朝大家庭中的一员。经过近三百年的发展，沙陀人与其他部落部族融合，形成了汪古部落。当草原上杀得你死我活的时候，汪古部落独善其身，冷眼旁观。可是，树欲静而风不止，乃蛮部落的太阳汗派人来了。

汪古部落首领阿剌兀思把太阳汗的使者接进帐中。使者傲慢地说："蒙古人太狂妄了，我们太阳汗说，叫你做我们的右手，咱们两个

部落一起向蒙古人进攻。"

阿剌兀思很生气，我们一不亏你的，二不欠你的，三不是你的附庸，凭什么做你们的右手，为你们打仗？但阿剌兀思没动声色，他把这件事秘密地告诉了铁木真。

克烈部落灭亡，草原如今只剩蒙古、乃蛮和汪古三大部落，这三个部落形成鼎立之势，就像三国时期的魏、蜀、吴。任何两家联合起来，都会对第三方构成重大威胁。

铁木真非常感谢阿剌兀思，他亲自到汪古部说："如果您不嫌弃铁木真，铁木真愿意和您结为兄弟。"

在三大部落中，乃蛮最强，其次是蒙古，汪古最弱。铁木真这样尊重自己，阿剌兀思愉快地答应了。两个人摆上桌案，点燃香烛，一同跪在地上——

"我，铁木真，愿和阿剌兀思结为兄弟，同生共死，永不背叛！"

"我，阿剌兀思，愿和铁木真结为兄弟，同生共死，永不背叛！"

阿剌兀思杀牛宰羊，隆重庆祝。席间，阿剌兀思的长子上前敬酒，铁木真见小伙子彬彬有礼，一表人才，非常喜欢，就说："阿剌兀思哥哥，我的三女儿叫阿剌海，今年十八岁，既聪明，又漂亮，咱们能不能成为儿女亲家？"

阿剌兀思满脸笑容："好啊！咱们先结为兄弟，又结为儿女亲家，这可是亲上加亲，亲上加亲哪！"

铁木真回去后，就把女儿嫁了过来，两个部落的关系更加密切了。

铁木真反省与克烈部战争中的教训，他清点人马，打破部落部族

界限，十个人设一个十夫长，十个十夫长设一个百夫长，十个百夫长设一个千夫长。同时，铁木真组建自己的护卫军，任命参谋官。

铁木真决定联合汪古部落，进攻乃蛮。

阿剌兀思掂量铁木真和太阳汗两个人：铁木真不但跟我结为兄弟，还把女儿嫁给我的儿子。而太阳汗不可一世，自认为高人一等，根本不把我放在眼里，就算我不打他，说不定哪天他也会来打我。

阿剌兀思决定配合铁木真进攻乃蛮。

多知道点

古儿别速

古儿别速原是乃蛮部亦难察必勒格的小妾，亦难察必勒格死后，他的两个儿子太阳汗和不亦鲁黑汗为争夺她而分裂。太阳汗娶了古儿别速。乃蛮部灭亡，古儿别速被俘，铁木真见古儿别速实在是太漂亮了，便对她说："只要你愿意陪伴我，用心侍奉我，又不惹是非，我不但不会抛弃你，还封你为夫人。"从此，古儿别速殷勤地侍奉铁木真。

相传成吉思汗有五百多位夫人，其中，最尊贵的有五位，第一位是他的结发妻子孛儿帖，第二位是忽兰，第三位就是古儿别速。

扫灭乃蛮部

铁木真的蒙古大营和乃蛮部太阳汗都城相距数千里，蒙古骑兵抵达乃蛮边界时，马匹的膘情下降，体力透支。不但战马如此，人也很累，同样需要恢复体力。铁木真想休整几天，可是，太阳汗会给他时间吗？

得知铁木真联合汪古打了过来，札木合建议乃蛮部落首领太阳汗立刻出兵，趁人困马乏之机，一举击溃铁木真。

太阳汗没有立刻行动，而是派人去打探铁木真的动静。

铁木真身边的参谋官道："既然太阳汗要来打探我们的动静，那我们就给他来个将计就计，白天大军全部隐蔽休息，夜间出动，每个人点五堆火。这样，我们五万人马就会产生二十五万的声势。拖延几天，我们的人马歇得差不多时，再向乃蛮发起猛烈进攻。"

蒙古骑兵及随身装备

永不言败的成吉思汗

铁木真听从了参谋官的建议。

乃蛮哨兵在蒙古军周围打转,白天什么动静也没有,到半夜,就见山谷里,岩石后,草地上,小河边,到处都是篝火。

哨兵恍然大悟,原来蒙古兵白天藏了起来,晚上他们饿了,出来生火做饭。

哨兵跑回去报告太阳汗:"启禀可汗,可了不得了,蒙古兵铺天盖地,他们做饭点起的火,比天上的星星还多。"

太阳汗从小娇生惯养,衣来伸手,饭来张口,很少带兵打仗。听哨兵这么一说,不由得大惊:"老天爷,幸亏我发现得早,没有自投罗网,这要是听了札木合的,非被蒙古人包了饺子不可。算了,别招惹那些蒙古人,还是撤吧。"

太阳汗的儿子屈出律对此深表怀疑,铁木真长途奔袭,不可能带太多的人马。札木合也不相信,他认为,一定是哨兵看错了。

屈出律向太阳汗请战,太阳汗斥责道:"你懂什么?我听说蒙古人特别能打仗,眼睛扎根刺都不眨,面颊流了血都不擦,跟他们硬碰硬是要吃亏的!我这是引诱他们翻过阿尔泰山,等把他们拖得筋疲力尽再出击。"

屈出律当面不敢反驳,背地里发牢骚:"我阿爸怎么跟妇人一样胆小。"

这话传到太阳汗耳朵里,他把屈出律叫到面前一顿臭骂:"你咋呼什么?你狂什么?你是我的儿子,你吃几碗饭我还不知道吗?这还没跟蒙古人开仗呢,一旦开仗,第一个逃跑的就是你!"

仗还没打,这对父子先干了起来。

乃蛮部落的一员老将看不下去了，铁木真没来的时候，你太阳汗狂得没边儿，铁木真来了，你却跟耗子似的不敢露头。他对太阳汗说："这要是老可汗还活着，早就打过去了，哪还会在这费唾沫！"

太阳汗不想被人小瞧，他说："谁怕谁呀？不就是打仗吗？走，跟铁木真干！"

太阳汗嘴上这么说，心里却一个劲儿打鼓。

前后这么一折腾，十几天就过去了，铁木真的蒙古铁骑休整完毕，精神头上来了。听说太阳汗杀来，铁木真命令最精锐的四员战将率兵迎敌。太阳汗的军兵正走着，四个人率领人马就像猛虎一样扑来，这支人马在乃蛮军中横冲直撞，敌军人仰马翻。

太阳汗惊恐地问札木合："那四个家伙是谁呀？怎么这么厉害？"

太阳汗坐失战机，札木合非常气愤。他算是看清了，太阳汗表面强大，内心却极其软弱，他就是一个彻头彻尾的绣花枕头，草包一个。这种人只配给铁木真垫马蹄子。

札木合瞥了太阳汗一眼："那是铁木真养的四条狗，平时用铁链子拴着，打仗时放出来。他们的脑袋比铜还硬，他们的舌头比锥子还尖，他们的牙比刀子还快。能不厉害吗？"

太阳汗转身就走，他一边走，一边说："还是离他们远一点吧。"

太阳汗一撤，铁木真指挥大军随后就追。太阳汗转过头一看，有一员蒙古战将冲了上来，这个人十分勇猛，十几个乃蛮将领居然拦不住他。

太阳汗第二次问札木合："这个人是谁？"

札木合夸张地说："这个人天性好斗，打起仗来不要命，不砍死

敌人的指挥官,他从不退却……"

札木合还没说出这个人的名字,太阳汗头上的汗就下来了,他说: "还是离这家伙远点吧。"

太阳汗带人撤到半山腰,铁木真一马当先杀了上来。因为铁木真冲在最前面,蒙古军兵人人奋勇,个个争先,谁也不甘落后,乃蛮军被杀得鬼哭狼嚎抱头鼠窜。

太阳汗第三次问札木合:"那个人是谁呀?怎么跟天神下界似的?"

札木合冷冷地说:"那个人就是铁木真,他身子跟铁打的一样坚硬,刀砍一大片,枪扎一条线,万马军中取上将首级如同探囊取物一般。"

太阳汗都吓出屁来了:"原来他就是铁木真!"

太阳汗扭头就跑,刚到山口,一员蒙古大将追了上来,这个人一边跑,一边开弓,只要他弓弦一响,必有乃蛮将士落马。

太阳汗第四次问札木合:"这个人的箭怎么这么准?他是谁?"

札木合对太阳汗完全失去了信心,他故意吓唬太阳汗:"这是铁木真的二弟哈萨尔,听说他从小吃人肉,不但不吐骨头,就连人身上的刀箭也都能一并吞下去。"

太阳汗眼泪掉了下来:"我上辈子做了什么孽,怎么遇上这么一群穷凶极恶的家伙,我看还是跑吧……"

太阳汗跑到山顶,山下冲上来一个年轻的蒙古将官。

太阳汗惊魂未定,他第五次问札木合:"这个人是谁?"

札木合爱搭不理地说:"这个人是铁木真最小的弟弟,他很懒,平时总是睡大觉……"太阳汗长出一口气,嗯,跟懒人打仗,还可以拼一

拼……哪知札木合又说："他就喜欢打仗,一旦打起仗来,他就是七天七夜不睡觉,也要抓敌军主将。"

太阳汗差点从马上掉下来,抓敌军主将?我是乃蛮部落首领,难道他要抓我不成?可不能落到他的手里,赶紧跑!

太阳汗的心理防线彻底崩溃了,他头也不回,玩命地跑。

望着太阳汗的背影,札木合哈哈大笑,可笑了三声就笑不出来了。太阳汗必败无疑,乃蛮部落马上就要完蛋,天地虽大,哪里才是我札木合安身的地方啊?札木合仰起头,难道是苍天在成全铁木真吗?既然苍天庇护他,我也就不要逆天而行了。

札木合派人给铁木真送信,他告诉铁木真,太阳汗已经逃走,乃蛮人军心涣散,斗志全无,你就尽情地展示你的军事才能吧。

铁木真相信了札木合的话,他指挥人马乘胜追击。

狂妄的太阳汗搬起石头砸了自己的脚,在逃跑中,他身负重伤,一命呜呼。

多知道点

收服塔塔统阿

　　塔塔统阿是畏吾尔人，在乃蛮部为官。乃蛮部灭亡，塔塔统阿揣着官印逃走被俘。当时，铁木真不知道官印的用途，塔塔统阿解释说："出纳钱粮，委任官员，一切都要用印，这是官府的凭证。"铁木真觉得他是个人才，就把他留在了身边。从此，铁木真有了自己的印章，并由塔塔统阿掌管。后来，成吉思汗又让塔塔统阿用畏吾尔字母拼写蒙古语，最初的蒙文，就是由塔塔统阿所创。

内蒙古鄂尔多斯成吉思汗
广场雕塑《海纳百川》
　图中坐者就是塔塔统阿

把女儿嫁到汪古部

乃蛮灭亡，草原从东到西，连成一体。蒙古帝国建立，铁木真被尊称为成吉思可汗，简称成吉思汗。可汗是帝王的意思，那么，成吉思汗是什么意思呢? 对此，人们有很多解释，如，海洋一样广阔疆域的皇帝，海内皇帝，坚不可摧的皇帝，宇宙皇帝，天皇帝，天意皇帝等等。

成吉思汗在原来的十夫长、百夫长、千夫长基础上，把部落、部族分解合并，把整个草原分成九十五个千户，凡是有战功的人全部封赏。不过，汪古与其他部落是不同的。成吉思汗思索良久，他没有把汪古拆解，而是整编为五个千户，仍然以阿剌兀思为首领，他的子孙世代传袭。

对此，阿剌兀思是满意的，可是，汪古部的权臣却不买账。当初阿剌兀思与铁木真联合进攻乃蛮的时候，就有人反对。现在听说汪古部落变成了蒙古帝国的一部分，这个权臣拉拢部众发动政变，阿剌兀思和他的长子都在这场政变中战死了。

这件事发生在成吉思汗三女儿阿剌海嫁到汪古部落的第二年。阿剌海没有自己逃命，而是带上两个小叔子出逃。

政变的权臣猜想，阿剌海一定会往北跑，去找她的父亲成吉思汗。他们布下了罗网，只等阿剌海往里钻了。然而，等了很久，也没见阿剌海。原来，聪明的阿剌海没有北上而是向南跑去。南面是金朝的领土，她逃到了金朝。

成吉思汗不能忘记,在关键时刻,阿剌兀思帮过自己,如今,阿剌兀思又因为自己而丢了性命。成吉思汗当众折箭,对天发誓:"阿剌兀思哥哥,你在天有灵听着,我铁木真要是不为你报仇,苍天都不会放过我!"

成吉思汗率领大军南下,一举消灭了那个政变的权臣,给阿剌兀思报了仇,并追封阿剌兀思为高唐王。

阿剌海带着两个小叔子回到汪古。这两个小叔子,一个叫镇国,一个叫孛要合。成吉思汗想在镇国和孛要合中选一个管理汪古部,可是当时镇国只有十二三岁,孛要合才五六岁,这么小的年龄怎么能够胜任呢?

成吉思汗对阿剌海说:"女儿呀,阿爸想让你改嫁镇国,帮助他管理汪古部。"

阿剌海吃了一惊:"阿爸,镇国这么小,你让我嫁给他?"

成吉思汗说:"汪古对咱们有恩,咱们不能不报啊。我看镇国虽然年纪小,但是,锻炼锻炼还是会有出息的。"

阿剌海听从了父亲的话,答应了。

成吉思汗把汪古部落交给镇国,封他为北平王。阿剌海聪明能干,在她的协助下,镇国把汪古部落治理得井井有条。

成吉思汗赞不绝口:"阿剌海精明能干,知道感恩,把汪古部交给她,我放心。"

成吉思汗不但让阿剌海协助镇国治理汪古部,在他西征期间,还封阿剌海为监国公主,给她一方大印,管理整个蒙古帝国。

阿剌海身为汪古部落的王妃,坐镇汪古部,决断蒙古帝国的大

事，实在是了不起。阿剌海前后监国达十二年之久，没有出现纰漏，受到了后世人们的广泛赞誉。

成吉思汗注重培养镇国，让他在战争中磨炼意志，建功立业。镇国是个很努力的孩子，很快就成了一名出色的指挥官。

可是，镇国身体不好，经常生病。成吉思汗又把孛要合接到身边，专门派人教他学习骑马射箭。孛要合稍大的时候，成吉思汗又把他带到身边，让他接受战争的洗礼。

大约在孛要合十六七岁的时候，他随成吉思汗西征归来。孛要合一回到汪古部，就有人跑来说："不好了，北平王不行了。"

镇国奄奄一息，孛要合扑到镇国身边："哥哥……"孛要合痛哭失声。镇国断断续续地说："弟弟，哥哥要走了……"

镇国死后，成吉思汗把阿剌海叫到身边："女儿啊，有件事，阿爸不好开口啊……"

阿剌海道："阿爸，有事您就说吧。"

成吉思汗吞吞吐吐地说："阿爸本想让你和镇国白头偕老，没想到，镇国也走了。阿爸想把你嫁给孛要合，你看行不？"

阿剌海点了点头："阿爸，女儿明白。"

婚后，阿剌海和孛要合相亲相爱，汪古部落丰衣足食，呈现出一派祥和的景象。

孛要合非常感激成吉思汗，他对成吉思汗忠心耿耿。后来，成吉思汗的孙子忽必烈建立元朝。元朝的历代皇帝也都依照成吉思汗的先例，重用阿剌兀思的后代。阿剌兀思的子孙代代封王，两个家族世世通婚，先后共有十六位公主嫁到汪古部。

多知道点

赵王城

在内蒙古达茂旗政府所在地东北35公里处有一座古城遗址，叫敖伦苏木。因阿剌兀思的子孙八人被封赵王，并世居于此，故俗称赵王城。赵王城是汪古部的政治、经济、文化中心，最兴盛时城内人口达10余万。古城长960米，宽580米。城内有王府、景教寺院、天主教堂、喇嘛庙、孔子庙等遗址。明朝末年毁于战火，今天只剩断壁残垣。日本学者江上波夫、美国学者马丁都对这座古城进行过考察。1996年，赵王城被国务院批准为第四批全国重点文物保护单位。

赵王城遗址

与札木合的了断

乃蛮部落灭亡，札木合无家可归，加之人们都知道他残暴的恶名，所以，他原来的部众大都抛弃了他，札木合身边仅剩了五个军兵。他们一行六人到处流浪，一顿饱，一顿饥，几乎陷入了绝境。

札木合已经一天没吃东西了，几个人好不容易打死一只野山羊。札木合又累又饿，他让五个人剥皮烤肉，自己先睡一会儿。

五个人剥完皮，把野山羊架在火上烤。他们本来就很饿，一闻到肉香味，就更饿了。他们顾不上肉还流着血汁，燎了燎就啃。

札木合也被肉香味吸引了，他睁开眼睛一看，见那五个人正在狼吞虎咽吃烤肉，札木合顿时火冒三丈："好啊，吃肉也不叫我，你们还把我当可汗吗？我打死你们，打死你们……"

札木合拿起木棍就打，五个人跪地求饶："札木合可汗，我们错了，我们错了。我们不吃了，都留给你，都留给你，你吃吧。"

札木合抓起肉，狼吞虎咽。哪知，这五个人一拥齐上，把札木合摁倒绑了起来。其中有一个人说："札木合是成吉思汗的仇人，我们把他送给成吉思汗，一定会得到赏赐。"

札木合被押到成吉思汗的大帐，成吉思汗很是惊诧："札木合兄弟，你不是逃走了吗？"

札木合昂着头："乌鸦捉住了孔雀，贱民捉住了他们的可汗。铁木

真，我落到你手，你看怎么处理吧！"

札木合是成吉思汗三次结拜的兄弟，当初，成吉思汗刚刚成亲，蔑儿乞部落就来攻打他们，他的妻子被蔑儿乞人掳走达九个月。成吉思汗请王汗帮他营救妻子，王汗推荐了札木合。成吉思汗把营救妻子的事跟札木合说了，札木合出动全部人马，和成吉思汗、王汗一起杀向蔑儿乞营地，成吉思汗的妻子才回到他身边。

那次，因为成吉思汗的营地被毁，他和他的部众住进了札木合的营地。两个人一个锅灶吃饭，有时还一个被窝里睡觉，前后达一年半时间。两个人分手不久，成吉思汗的人误杀了札木合的弟弟，札木合一怒之下，率十三部人马攻打成吉思汗。成吉思汗撤进山中，他虽然失败了，但实力没有丧失。

后来，金兵攻打塔塔尔，成吉思汗依附金兵，打败塔塔尔，被金朝封为总兵官。札木合见成吉思汗的势力越来越大，又率十一部人马来打成吉思汗。成吉思汗联合王汗，反攻札木合，占领了札木合的营地。从此，札木合就开始了流浪生活。

札木合是残暴的，也是聪明的，是他挑起了成吉思汗和王汗的战争，也是他挑起了蒙古和乃蛮的战争。但是，不管札木合出于什么目的，在成吉思汗面临生死存亡的关键时刻，札木合都暗中给成吉思汗送信。

过去的事，一幕幕出现在成吉思汗的脑海中。

此时，那五个人还在帐外议论——

"你说，成吉思汗会赏我们吗？"

"当然！我们把他的仇人送来了，他能不赏我们吗？"

"成吉思汗会赏给我们什么呢？"

"怎么也能赏我们几百头牛吧？"

"我看不光赏咱们牛，说不定还能赏我们当个百夫长呢！"

"是啊！是啊！我们当了百夫长，就再也不用流浪了。"

成吉思汗把那五个人叫进帐中，那五个人又是点头，又是哈腰："尊贵而又伟大的成吉思汗，是我们五个人抓住札木合的。"

那五个人绘声绘色地把经过说了一遍，成吉思汗勃然大怒，他一拍桌子："你们今天能出卖札木合，明天就能出卖我！你们这些卖主求荣的人，怎么可以活在世上？来人，把他们拉出去，统统杀掉！"

五个人万万没有想到，成吉思汗会赏他们每人一刀。

成吉思汗对札木合说："札木合兄弟，我给你报仇了。"

札木合身上有这样那样的缺点和不足，但成吉思汗和他的友情还没有泯灭。成吉思汗好酒好肉，热情地招待札木合，成吉思汗想宽恕札木合，和他重归于好。

成吉思汗说："让我们忘掉过去，重新开始吧。"

札木合却说："你是可汗，我也是可汗，我怎么可以屈尊在你的手下？我活着是英雄，死了也同样是英雄。与其让我屈辱地活着，还不如让我轰轰烈烈地死。"

成吉思汗又说："你是英雄，我也是英雄。草原如此广阔，难道容不下两个英雄吗？"

札木合却说："天下只能有一个英雄。"

札木合只求一死，但他死也要保持一个可汗风度，一个王者的尊严。他向成吉思汗提出一个要求：不流血而死。

札木合从容地来到绞刑架下……他死后，成吉思汗以草原上最高的礼节安葬了他。

处决神汉

草原四分五裂，你争我夺，弱肉强食，成吉思汗把各个部落部族统一到自己的旗下。人们不再流血打仗，大家相亲相爱，亲如一家。有人对成吉思汗佩服得五体投地，有人却装神弄鬼，自以为大，对成吉思汗指手画脚，甚至打骂成吉思汗的弟弟，挑拨他们之间的关系。他就是阔阔出。

阔阔出总是对人说："我是天神的使者，能跟天神对话，你们想做什么事，尽管跟我说，我跟天神说一下就行了。"

成吉思汗的帝号就是阔阔出提出的。成吉思汗很是尊重他，每次商讨国家大事都让他参加。可是，阔阔出不把成吉思汗放在眼里，他高高在上，骄傲无比，简直就要成太上皇了。

古代人都迷信鬼神，见人们怕他，阔阔出的胆子更大了。有一次，他莫名其妙地闯进成吉思汗二弟哈萨尔的帐中，上去就是几个耳光。

哈萨尔无端被打，他委屈地问："我犯了什么错？"

阔阔出说："这是神在打你，神说，你上辈子犯了错。"

哈萨尔来向成吉思汗诉苦，成吉思汗非常生气，他说："你那么大力气，难道就挺着让他打吗？"

成吉思汗说的话传到了阔阔出耳朵里，阔阔出不但不收敛，还变本加厉。他对成吉思汗说："昨天夜里天神给我托了梦，说将来蒙古帝国的天下就是哈萨尔的，你可要小心哪！"

蒙古帝国有四个万户首领，一个五千户首领，哈萨尔管理四个千户。阔阔出又对成吉思汗说："哈萨尔背地里总是发牢骚，嫌你封他的官小。"还说："哈萨尔总是三更半夜跟几个将军嘀嘀咕咕。"

一次两次成吉思汗不相信，可阔阔出总是说哈萨尔的坏话。

这天晚上，哈萨尔和几个将军喝酒，阔阔出跑到成吉思汗的大帐之中，他说："伟大的成吉思汗，我奉天神的旨意来告诉你，哈萨尔正在和几个人秘谋除掉你，你再不当机立断，神就要抛弃你了。"

成吉思汗派人把哈萨尔抓起来，连夜审问。成吉思汗的母亲诃额仑得知此事，老人家坐着一辆白毛骆驼车赶到成吉思汗的营帐，当着成吉思汗的面把哈萨尔放了。

可是，阔阔出并不甘心，他拉拢成吉思汗身边的大将，利用神鬼恐吓他们，杀死那些反对他的人。

帖木格是成吉思汗最小的弟弟，他的一些部众被骗逃到阔阔出那里。帖木格派一个首领到阔阔出的营帐，想领回部众。

阔阔出嘲讽地对这个首领说："帖木格派你这么大的官来，这不是要把我吓死吗？"

这个首领不知如何回答，他正看着，阔阔出对手下人说："给我打！"

一顿痛打过后，阔阔出又把一副马鞍子挂在这个人的脖子上，他说："这就是帖木格的部众，你给他带回去吧。"

这个首领回来，帖木格非常生气，他亲自找阔阔出讲理，可阔阔出却责备他说："我是天神的使者，你派那么小的官来找我，你的架子也太大了吧？"

阔阔出一使眼色，他的七个兄弟围了上来。帖木格见势不妙，只得

说："我错了，我向神的使者认错。"

阔阔出的七个兄弟拧眉瞪眼："知道错了，还不给天神的使者跪下认罪？"

在这七个人的逼迫下，帖木格只得向阔阔出下跪。然而，阔阔出却背朝帖木格，理也不理。

帖木格回去一夜没睡，第二天天还没亮，帖木格就去了成吉思汗的帐里，把阔阔出的傲慢行径说了一遍。成吉思汗沉思良久，自己还健在阔阔出就打哈萨尔，侮辱帖木格。如果我哪一天死了，谁能保护他们呢？

成吉思汗的夫人也很担心，她对成吉思汗说："照这样下去，咱们的儿子也危险了。"

成吉思汗对帖木格说："我把阔阔出叫来，其他的事就交给你了。"

不一会儿，阔阔出带着他的父亲和七个兄弟来了。

帖木格揪住他的衣领："你不是天神的使者吗？来来来，有人要和你比一比力气。"

帖木格把阔阔出拉到外面，三个大力士冲上前把阔阔出摁倒在地，"喀嚓"一声，折断了阔阔出的脊梁，阔阔出死了。

阔阔出的父亲叫蒙力克，是成吉思汗父亲也速该的好朋友。蒙力克也曾救过成吉思汗，成吉思汗出于感激，他向蒙力克承诺过，就算他犯了死罪也不杀他。

成吉思汗对蒙力克说："你纵容阔阔出，打我二弟，羞辱我五弟，图谋不轨，我本该将你和阔阔出一同处死。但既然我说过不杀你，这

件事就不追究了。”

成吉思汗不但放了蒙力克，也放了他的七个儿子。成吉思汗告诫他们，做人一定要安分守己，不可胡作非为。

多知道点

萨 满

萨满源于人类对自然的崇拜，是一种原始宗教。早在匈奴时期，草原上就有萨满。人们往往通过萨满祭天祈福，驱鬼招魂，祛病除灾。萨满也称巫神，巫神有男有女，一般都是由老萨满在本氏族中物色具有神相的青年人，然后举行"领神"仪式，一个新萨满就产生了。

蒙古萨满教服饰

永不言败的成吉思汗

灭金战争

金朝是女真人建立的政权。金朝的第一任皇帝完颜旻（mín），第二任皇帝完颜晟（shèng）都是很有作为的。可是，他们两个之后，金朝的皇帝就越来越差，越来越坏，尤其是完颜亮和完颜永济。

前面我们说过金熙宗，他把成吉思汗的祖先活活钉死在木驴上。金熙宗脾气暴躁，常常为一点儿小事杀人。比如，他打猎时，有人给他送饭，饭凉了，他要杀人；饭太热，他也要杀人。有些大臣想废掉他，他们跟完颜亮一起商量。

完颜亮问："废掉他，立谁当皇上？"

有人提出两个人选，完颜亮摇着头说："除了我，谁也不行。"

这件事走漏了消息，完颜亮面临被杀头的危险，然而，他反咬金熙宗的弟弟。金熙宗信以为真，把几个弟弟都杀了。完颜亮培植死党，夜里冲入皇宫，刺死了金熙宗，完颜亮篡夺了皇位。

为了巩固自己的统治，完颜亮杀了宗室皇族一百多人。

完颜亮不只是滥杀无辜，他还说："朕有三大志向：第一，国家大事，我一个人说了算，别人不能提出反对意见；第二，把不归顺我的君王抓来，当众处死；第三，广搜天下美女，让她们都成为我的妃子。"

这三件事，只有第一件容易，他一手遮天，想干什么就干什么，爱怎么折腾就怎么折腾，没人管他。

第二件有点儿难。南宋守着半壁江山，一直没有归顺他，完颜亮

要向南宋挥刀，一统天下。可是，打仗需要调动全国的人力、物力、财力，大臣们都觉得金朝还没有消灭南宋的实力。大家都不敢对完颜亮说，就去找皇太后，想让皇太后劝阻完颜亮。可哪里想到，完颜亮不但杀了皇太后，还把太后的寝宫烧了，把太后的尸体扔进了护城河。

第三件也不好办。完颜家出美女，他的堂姐堂妹、嫂子弟媳、舅母婶子，一个比一个漂亮。总不能把这些人弄进皇宫，给他当小老婆吧？如果我们要这么想，就太低估完颜亮了。完颜亮根本不在乎，只要被他看上，不论与他有没有血缘关系，他非要不可。据统计，在完颜亮的后宫，有多达三分之一的美女是完颜家的。

完颜亮对自己的亲人都这样，对老百姓就更不用说了。在他的统治下，老百姓大气都不敢出。完颜亮征调一百万人攻打南宋，他的部将实在忍无可忍，就把他杀了。

完颜永济当皇上的残暴一点儿也不比完颜亮逊色。完颜永济的前任是金章宗，金章宗没有儿子，他死的时候，有两个妃子有了身孕，即将分娩。他留下遗言，两个妃子中有一个生了男孩就立这个男孩为皇帝，如果两个都是男孩就立哥哥为皇帝。

可是，金章宗一死，完颜永济登上了皇位。那两个妃子，一个被毒死，另一个流产当了尼姑。

在完颜永济统治期间，金朝非常黑暗，贪污腐化成风，民不聊生，老百姓生活在水深火热之中。完颜永济只顾吃喝玩乐，国家没钱，他就增加老百姓的税赋，老百姓的税赋不够挥霍，他又打起成吉思汗的主意。

完颜永济派人到成吉思汗的大帐，说："新皇帝登基这么长时间，你为什么不送贺礼？"

永不言败的成吉思汗

成吉思汗冷冷地说："等着吧，我很快就去。"

成吉思汗没过多久就去了，不过，他没带贺礼，而是带了两支大军，一支是蒙古骑兵，一支是契丹骑兵。成吉思汗先后攻下了宣化、大同、古北口、居庸关，兵临金朝的都城北京（今北京西南）。

成吉思汗对金朝统治者调侃地说："你们不是让我送贺礼吗？我带来了，你们怎么不出来拿呀？"

完颜永济吓坏了，他急忙调重兵防守。

北京城十分坚固，成吉思汗久攻不下，他兵分三路，清扫北京外围。第一路军进攻山西太原，第二路军进攻河北和山东，第三路军进攻辽西。三路大军胜利会师于北京城外，金兵不敢出战。

成吉思汗把北京城包围起来，派人对金朝皇帝说："京城的周围都在我的控制之下，难道你还不投降吗？"

金朝皇帝给成吉思汗献上金银财宝，还把一个公主嫁给他，请求成吉思汗撤兵。成吉思汗撤回草原，金朝皇帝趁机迁都到了东京（今河南开封）。

成吉思汗得知这个消息，立刻杀了个回马枪，再次攻打北京。北京守将自杀，蒙古大军进入都城。

成吉思汗派人到开封，责令金朝皇帝放弃帝号投降。皇帝不答应，成吉思汗就任命木华黎为统帅，不断向金朝进攻。木华黎稳扎稳打，一边巩固取得的领土，一边向南缓慢推进。

为彻底消灭金朝统治者，成吉思汗对部将说："金兵收缩到潼关一线，那里背靠群山，面临黄河，易守难攻。最好的办法是向南宋借道，绕到金兵的后背，两面夹击。"

有人问："南宋会借道给我们吗？"

成吉思汗肯定地说："会的，南宋曾有两个皇帝被掳到金国，死在金国，一百多年来，他们一直都想报仇。"

不过，成吉思汗没能实施这项计划就与世长辞了。成吉思汗的三子窝阔台和四子拖雷遵照这一方针，窝阔台正面进攻潼关，拖雷迂回到南阳包抄。1233 年五月，金朝的最后一个皇帝逃出开封。蒙古大军尾随杀来，这个腐朽的王朝终于灭亡了。

多知道点

打龙袍的由来

传统剧《打龙袍》讲的是包拯遇瞎眼妇人告状一事，此妇是先皇真宗之妃李妃，当朝皇帝之母。包拯回朝指责皇帝不孝，皇帝要杀包拯。老太监陈琳说出了狸猫换太子的旧案，包拯得免，迎李后还朝。李后要责罚皇帝，命包拯代打皇帝。包拯不敢真打，请皇帝脱下龙袍，以打龙袍象征打皇帝。这是文艺作品，不是历史。真实的故事发生在金太宗完颜晟身上。金朝初期，不但王子犯法与民同罪，就连皇帝犯法也与民同罪。金太宗因挪用国库银子，遭到群臣弹劾，按律"扶下殿，杖二十"，金太宗因此被打得皮开肉绽。中原汉人把这件事嫁接到了宋朝，编了一出《打龙袍》。可戏里也不敢真打皇帝，只好打皇帝的龙袍。然而，在金朝却是真打，打完了皇帝，将其扶上龙椅，群臣再向其请罪。

我错怪哲别了

乃蛮部落灭亡，屈出律逃到西辽，他先是被招为驸马，后来把西辽皇帝赶下台，篡夺了皇位。

屈出律主政期间，对西辽进行残暴的统治，他禁止穆斯林的礼拜和集会，把一位穆斯林领袖活活钉死在清真寺的大门上。当地的穆斯林诅咒他："全知的主啊，你大发慈悲，把屈出律投入海中淹死吧。"

西辽有一个部族首领，目睹屈出律的种种暴行，他千里迢迢来到成吉思汗的营地，控诉了屈出律的罪行，请求成吉思汗出兵消灭他。此时，成吉思汗和金朝打得非常激烈，无力分兵，但见小伙子既忠诚，又有才干，就把自己的孙女嫁给他，并送给他大量财物。成吉思汗让他先返回部落，监视屈出律的一举一动，等待蒙古大军到来，里应外合。

可是，这个部落首领回去不久，就被屈出律抓去杀了。

成吉思汗忍无可忍，他以哲别为主帅，抽调两万精兵，杀向屈出律。

这支蒙古骑兵在哲别的率领下，秋毫无犯，得到了沿途百姓的热烈欢迎，那些被屈出律奴役的人们把哲别看成救星一般。无论是平民，还是贵族，大家奔走相告，纷纷归附，主动为哲别带路。哲别骑兵势如破竹，屈出律全军覆没。

屈出律逃进山里，当地猎户捉住了他，把他押送到哲别的营地。哲别将其当众处死，西辽灭亡。

哲别在西辽，尊重当地人的信仰，不滥杀无辜，不骚扰百姓，与他们公平交易，互惠互利。哲别还经常到一些部落中巡视，了解百姓疾苦，为百姓办好事实事。这引起了成吉思汗身边一些人的警觉。

有人对成吉思汗说："大汗，哲别收买人心，不会是另有所图吧？"

成吉思汗淡然一笑："哲别的为人我清楚，他不会的。"

可是，过了一段时间，又传来哲别在当地大量买马的消息。马是骑兵的重要装备，哲别买马要干什么？

有人又对成吉思汗说："大汗，哲别买那么多马，万一他图谋不轨，后果不堪设想啊。"

成吉思汗仍不相信："哲别对我忠心耿耿，你们不要乱猜。"

然而，这天，有人骑着快马跑到成吉思汗的营地。这个人慌慌张张地来到成吉思汗面前："大汗，哲别在当地招兵呢，你快做准备吧。"

成吉思汗的眉头一下子皱了起来。

又有人说："大汗，哲别最初是塔里忽台的大将，塔里忽台兵败，他才投奔大汗的。现在他又是收买人心，又是招兵买马，就算他不造反，他会不会在西辽自立为王呢？"

成吉思汗的心动摇了，他准备派人去敲打敲打哲别，告诫他以撒察别乞的下场为戒，不要居功自傲，肆意妄为。

成吉思汗派的人还没走，营地又来了一队人马。他们赶着十几匹白马，每匹马不但身高体壮，而且，毛色跟白缎子一般，特别漂亮。凡是见了这十几匹马的人，无不竖大拇指称赞。

马队的头目来到成吉思汗的大帐，他向成吉思汗禀报说，这些良

马是哲别从几千匹马中挑出来，是专程献给成吉思汗的。

蒙古民族崇尚白色，认为白色是吉祥的象征，因此，成吉思汗对白马十分偏爱，他平生的坐骑都是白马。成吉思汗来到马前，他每匹都骑上试了试。这些马不但速度奇快，而且，跑起来还特别稳，每一匹都是世上难得的宝马。成吉思汗喜欢得不得了。

成吉思汗这才注意，每匹马的旁边站着几个人。成吉思汗问："你们是干什么的？"

马队的头目解释说："大汗，他们都是马夫。哲别将军说，从西辽到我们的营地太远，只有当地的人才熟悉当地的马，哲别将军特意在当地人中选了百余名年轻的马夫，让他们沿途照看这些马。"

当年，哲别跟随塔里忽台时，曾经射死了成吉思汗的一匹宝马。他投奔成吉思汗之后，得到了成吉思汗的重用，哲别心中很是惭愧，他一直想给成吉思汗找一匹宝马。西辽出良马，这令哲别欣喜异常。他与老百姓拉家常，一方面同他们沟通感情，另一方面就是打听哪里的马最强壮，脚力最好。

成吉思汗恍然大悟，看一个人不能被表面现象所迷惑，看人的本质才是最重要的！成吉思汗感慨地说："我错怪哲别了。"

从此，成吉思汗对哲别更加信任。西辽在哲别的管理下，社会安定，民心归服，不到两年时间，就与蒙古帝国融为一体，成为日后成吉思汗西征的桥头堡。

蒙古门神

门神古已有之。人们将神像贴在门上，卫家宅，求平安，纳吉祥。汉族流传的门神有好多位，其中较为常见的是秦琼和尉迟恭，前者在左，后者在右。蒙古民族也有门神，左侧速不台，右侧哲别。速不台和哲别二人是成吉思汗西征时的先锋。速不台智勇双全，攻无不克，战无不胜；哲别箭法超群，所向披靡，功勋卓著。汉人以左为尊，因此，秦琼要比尉迟恭地位略高；蒙古族人以右为尊，因此，哲别要比速不台地位略高。

蒙古门神

永不言败的成吉思汗

成吉思汗西征

　　花剌子模本是西辽的附属国，因为与屈出律联手把西辽国皇帝赶下台，花剌子模国王方才独立。几年时间里，花剌子模的领土日益扩大，今天的伊朗、乌兹别克斯坦、土库曼斯坦、塔吉克斯坦、阿富汗、哈萨克斯坦、吉尔吉斯斯坦、伊拉克东部及以色列等广大地区，都归附当时的花剌子模。其常备军达四十万以上，几乎控制了整个中亚地区。

　　成吉思汗统一西辽后，没有与花剌子模发生冲突。一天，花剌子模的三个商人来到蒙古境内。成吉思汗早就对沿途的驿站下过命令，凡是到蒙古的商人，一律给他们发放通行证，准许他们在蒙古帝国的任何地方进行商贸活动。

　　三个商人到了成吉思汗的营地，成吉思汗没见过中亚地区的丝织品，他以极高的价格买了下来，而且，对这三个人也给了很高的礼遇。

成吉思汗时期花剌子模钱币

在三个商人即将返回时，成吉思汗派一支四百五十人的商贸团，带着五百头骆驼，载着大量的金银珠宝和商品到花剌子模进行交易。

当这支商队到达花剌子模的一个叫讹答剌的城市时，那里的总督一见蒙古商人的财宝，眼睛都直了，他把这件事告诉了国王。

总督贪财，国王更贪财。国王下令扣下这些蒙古商人的财宝，并把他们全部处死。其中有一个蒙古商人逃了出来。他历经千辛万苦，回到了成吉思汗的营地。

成吉思汗从没受过这种窝囊气，财宝丢了也就丢了，可那四百四十九条生命无端被害，必须讨个说法。

成吉思汗给花剌子模国王写了一封信，信中说道："尊敬的国王陛下，我真心与你友好，可你的总督却毫不珍惜，希望你能赔偿我们的损失，给我们一个交待。"

成吉思汗故意把这件事说成是总督干的，以给国王留个台阶。哪知，花剌子模国王接过信，"刺啦刺啦"就撕了。国王一声令，把成吉思汗的使者剔光头发和胡子，赶出了花剌子模。

成吉思汗委曲求全，花剌子模国王却变本加厉。成吉思汗愤怒到了极点，但他还是没有爆发。成吉思汗登上山顶，摘下帽子，跪在地上祈祷，祈祷，祈祷……那屈死的四百多张脸庞在他心中涌现，泪水无声地流了下来。

成吉思汗猛地抹了一把眼泪，他眼望苍天说："长生天，你都看见了，不是我要挑起战争，是那个见利忘义的国王。他杀我臣民，掠我财物，又是这般蛮横。请给我力量，让我去惩罚他吧！"

成吉思汗准备亲自统领大军西征，可是，花剌子模地区对他来说是一个陌生的世界，而且，此时他已经年近六旬，人们都为他的身体担心。

成吉思汗的一位夫人唯恐发生不测，她委婉地劝阻成吉思汗说："如果您那伟岸的身躯，高山般地崩塌，如果您健朗的身躯，大树般地倾倒，这广阔的国家交给谁呢？"

成吉思汗决心已定，他做好了死的准备，他要破釜沉舟，与花剌子模血战到底！

按照蒙古人的传统，成吉思汗让最小的弟弟留守本土，如果自己战死沙场，就让三子窝阔台继承蒙古大汗之位，四子拖雷辅政。

后事都安排好了，成吉思汗率领二十万大军，毅然决然地西去。

其实，这场战争还没有开始，花剌子模就已经败了。因为公道自在人心，花剌子模在道义上是理亏的，老百姓心中都有一杆秤。

花剌子模虽然地域辽阔，但由于立国不久，民心还没有凝聚起来。蒙古大军势如破竹，所向披靡，花剌子模各个城堡纷纷投降。

然而，有一座城却久攻不下。成吉思汗的次子察合台有个儿子叫木秃坚。木秃坚血气方刚，勇猛异常。小伙子不顾将士劝阻，他手持钢刀，登上梯子就往城头爬。城上的敌兵乱箭齐发，木秃坚中箭身亡。

成吉思汗非常喜欢这个孙子，他发誓要为木秃坚报仇。成吉思汗来到城下，连头盔也没带，往上就闯。蒙古将士见成吉思汗都这样冲杀，人人奋勇，个个争先，一鼓作气，攻下了这座城。

花剌子模国王心惊胆战，他感到厄运就要降临了，当即弃城而

逃。国王一走，军队立刻丧失了斗志。

成吉思汗率军追杀，他严令各部："对于国王，生要见人，死要见尸。"

国王和王子逃到土耳其北里海的一个荒岛上。国王颠沛流离，一病不起，没过多长时间，就一命呜呼了。

临死前，花剌子模国王传位给王子。王子安葬了父亲，逃离荒岛，来到阿富汗。王子臂力过人，骁勇善战，他召集残兵败将三万余人，杀死了一千多蒙古兵。这支蒙古兵试图反攻，但是，人数上却远不及王子的军队。

这支蒙古军的将领下令每人做一个假人，给假人穿上蒙古军的衣服。这样一来，远远看去，蒙古军就多出了一信。蒙古将领想在士气上压倒敌人，如果敌人逃跑，就可大获全胜。

王子的军兵突然见蒙古兵变成这么多，以为蒙古军增兵了，一个个都要逃跑。可是，王子下了死令："前进者赏，后退者杀。"

王子指挥手下军兵迎着这支蒙古军冲了上去，双方短兵相接，蒙古军损失惨重。

王子为报复成吉思汗，他把俘获的蒙古将士集中到一起，用长长的钉子，钉入蒙古将士的耳朵里。

蒙古将士的惨死，激起了成吉思汗的无比仇恨。成吉思汗调集大队人马杀向花剌子模王子，王子战败而逃。成吉思汗紧追不舍，王子纵身跳入了滔滔的河水中。

王子逃到印度，他几次召集人马反攻成吉思汗，但都以失败告终。花剌子模就这样灭亡了。

永不言败的成吉思汗

多知道点

蒙古大军三次西征

第一次西征是成吉思汗时期。成吉思汗分南北两路大军，北路军主将哲别和速不台，于1223年打到欧洲乌克兰南部的克里米亚。这是成吉思汗西征期间，蒙古大军达到的最远地方。成吉思汗本人没有到过欧洲，他率南路军，打到印度河，今天的巴基斯坦界内。

第二次西征是窝阔台汗时期。蒙古大军攻入俄罗斯、波兰、意大利，1242年打到匈牙利，大半个欧洲陷落，世界为之震惊。同年，窝阔台病逝，蒙古大军回撤。

第三次西征是蒙哥汗时期。蒙古大军分三路进入叙利亚。1259年，因蒙哥去世，蒙古大军回撤，但其中的一支军队一直打到埃及。

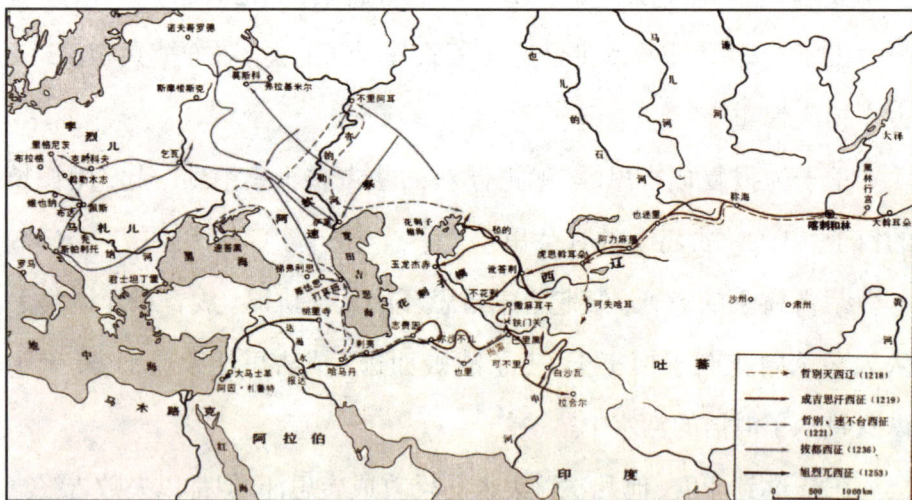

蒙古西征图（1218—1260年）

和丘处机相处的日子

　　丘处机出生于山东登州，十九岁出家当了道士，号长春真人。那时，金朝与南宋以淮河为界。按出生地来说，丘处机是金国人。

　　丘处机学识渊博，又注重养生，虽然一大把年纪，但身体健壮。民间把他传得很神，说他会配制不老仙丹，能长生不死。成吉思汗信以为真，派人四处寻找丘处机。可是，丘处机行踪不定，一直没有找到。

　　此前，金朝和南宋的皇帝也想见丘处机。但是，金朝腐败，南宋朝廷花天酒地，丘处机不愿与他们同流合污。

　　然而，当成吉思汗派人找到他时，丘处机却答应了。不过，此时的成吉思汗正在西征花剌子模，远在今天的阿富汗境内。丘处机对成吉思汗的传奇经历早有耳闻，出于对成吉思汗的仰慕，七十二岁高龄的他，不远数万里，经草原，穿沙漠，过雪山，走戈壁，历经两年多时间才到达成吉思汗的营地。

　　成吉思汗见丘处机走了这么远的路，仍是精气神十足，一副道骨仙风的模样，不禁感叹道："真是神人啊！"

　　成吉思汗称丘处机为"老神仙"，他说："金宋两国离老神仙那么近，你都没去，我离你这么远，老神仙却不辞辛劳，真是让我感动啊！"

丘处机画像

丘处机谦虚地说:"贫道一介山野村夫,能得成吉思汗的邀请,倍感荣幸。"

两个人寒暄几句,成吉思汗就问:"听说老神仙有长生不死的灵药,是真的吗?"

古代有许许多多装神弄鬼的道士,他们自称八百岁、八千岁,用一些莫名其妙的东西烧制成丸,伪称仙丹。几千年来,吃这种仙丹长寿的皇帝一个也没有,吃死的帝王却比比皆是。

丘处机和那些江湖术士不同,他从不炼什么仙丹。丘处机坦言相告:"天下只有延年益寿之法,没有长生不死之药。如果有,炼丹人自己就吃了。"

成吉思汗有些失望，他又问："那么，怎么才能延年益寿呢？"

丘处机说："清心寡欲。"

成吉思汗和丘处机谈得很投机。成吉思汗命人在自己大帐的旁边专门给丘处机搭了帐篷，没事的时候，成吉思汗就到丘处机的帐篷中坐坐。

这期间，丘处机目睹了蒙古大军在花刺子模境内的屠城行动，他心中很是忧虑。

有一次，成吉思汗问丘处机："怎么才能治理好天下呢？"

丘处机很干脆地说："止杀。"

成吉思汗没太明白，丘处机解释说："就是不要杀害无辜百姓。"丘处机又说："古往今来，所有的明君圣主，无不爱民。上天有好生之德，只有关心百姓疾苦，令百姓休养生息，才能得到百姓的爱戴。"

成吉思汗有些疑惑，又问："我不杀老百姓，老百姓就一定能爱戴我吗？"

丘处机说："这并不一定，但通过引导，他们会爱戴你的。"

成吉思汗再问："怎么引导？"

丘处机说："百善孝为先。引导百姓行孝，让他们孝敬自己的父母。一个人只有孝顺父母，才能为国家效力，为君王尽忠。"

成吉思汗不住地点头："老神仙说得太对了。"

成吉思汗不但自己和丘处机交流，还把自己的儿子和将领召到丘处机面前，让他们也来听丘处机讲治国安邦的道理，并叮嘱他们："就按老神仙说的去做。"

从这以后，蒙古大军就不再屠城了，尽量减少对平民的伤害。清朝

永不言败的成吉思汗

的乾隆皇帝对丘处机的举动给予了极高的评价，称他在与成吉思汗论道中"一言止杀"。

这既是对丘处机的褒奖，也是对成吉思汗从善如流的赞扬。

丘处机的思想不但影响了成吉思汗，也影响了耶律楚材。耶律楚材是元初著名的政治家。他出身于契丹贵族，精通儒学和佛学，一直在成吉思汗身边出谋划策，深得成吉思汗的信赖。

丘处机为成吉思汗讲道时，耶律楚材把丘处机的言论记录下来，加以整理，汇编成书。渐渐地，丘处机的思想在耶律楚材心中生根发芽。成吉思汗辞世后，窝阔台继位，耶律楚材被任命为丞相。在他主政期间，北方民族之间的矛盾得以缓解，经济得到发展，为忽必烈统一全国打下了坚实基础。

成吉思汗和丘处机相处了一年多，临行时，成吉思汗派五千骑兵护送丘处机返回中原，还把金朝皇帝的御花园赏赐给丘处机做道观，这就是今天北京的白云观。

白云观

　　白云观是北京著名的旅游景点之一，始建于唐开元二十六年（739），原名天长观，金明昌三年（1192）重修，改名为太极宫，金泰和三年（1203），太极宫毁于火灾。长春真人丘处机奉成吉思汗之诏驻太极宫掌管全国道教，于是，太极宫更名为长春宫。金天会五年（1127）丘处机去世，其弟子在长春宫东侧建立处顺堂藏丘祖仙蜕。元末，连年征战，长春宫原有殿宇日渐衰圮。明初，以处顺堂为中心重建宫观，并易名为白云观。清康熙四十五年（1706），在原来基础上进行了大规模重修。今天，白云观中仍供奉着丘处机塑像。

白云观

永不言败的成吉思汗

征服西夏

　　成吉思汗征花剌子模时，凡是与蒙古帝国关系密切的邻邦，都出兵相随，只有西夏按兵不动。

　　当年，西夏曾对成吉思汗承诺过："你征伐敌国的时候，我愿做你的右手，随你一起消灭敌人。"

　　成吉思汗派人给西夏送信，可西夏不但拒绝出兵，还嘲讽说："既然没有能力攻打人家，还做什么大汗？"

　　这句话深深地刺痛了成吉思汗。成吉思汗从不服输，永不言败，他要做给西夏皇帝看看，没有西夏的军队，成吉思汗照样能取胜。

　　经过四年艰苦卓绝的征战，成吉思汗胜利了，而且是全胜，是完胜，花剌子模的领土全部纳入蒙古帝国版图。

　　大军班师，成吉思汗刚刚踏上草原，就得到一个让他震惊的消息——在他率军西征期间，西夏拉拢一些蒙古首领，试图叛乱。幸亏成吉思汗回来及时，不然，后果不堪设想。

　　不守诺言，出尔反尔，这是西夏皇帝的一贯作风。其实，西夏不是没有能人，太子就很有远见，他提出联合金朝，抗击蒙古，可老皇帝不但不听，还在蒙古攻打金朝之机趁火打劫，袭击金朝。太子见无力扭转乾坤，一气之下出家当了和尚。

　　金朝力量抗蒙不足，打击西夏还是有余的。在西夏与金朝的战争中，西夏败多胜少，百姓家破人亡，怨声四起。

现在成吉思汗回来了，老皇帝吓得赶紧脱袍让位。有人提出到庙里请回太子，老皇帝坚决不答应，他力主次子李德旺当皇帝，他成了太上皇。

成吉思汗已经老了，但他还能骑马射箭，他不能容忍西夏像老鼠戏猫一样戏弄他。在班师草原途中，成吉思汗传令进攻西夏的敦煌。

敦煌守将坚守不出，成吉思汗攻了一个月，没有进展。成吉思汗下令挖地道，守将发现了，他们在地道中放火放烟，蒙古军兵被熏死无数。敦煌久攻不克，成吉思汗又转攻榆林。这仗很顺利，成吉思汗大获全胜。

榆林失守，西夏都城银川的门户就打开了。西夏皇帝李德旺想请降，可又怕成吉思汗不答应。于是，他承诺送皇子到草原当人质。

然而，成吉思汗等了近两年，也没见西夏送来皇子。成吉思汗再次领兵十万，杀向西夏。可是，出师不久，成吉思汗战马受惊，把他摔落在地。当人们扶他起来时，成吉思汗感到内脏隐隐作痛，当天夜里，成吉思汗高烧不退。

成吉思汗的参谋官说：“西夏皇帝住在皇城，他跑不了，走不掉，收拾他不在此一时。我们先收兵回草原，等大汗身体好了再发兵。”

蒙古人从小骑马射箭，偶而从马上摔下来很平常，成吉思汗不以为然。他说：“西夏见咱们撤兵，肯定不知还要玩什么花样，再也不能给他戏弄我的机会了。”

参谋官见劝不动成吉思汗，就动员一些将领，众人一起来劝成吉思汗。成吉思汗提出一个折衷的意见，他说：“这样吧，先派人进城，问问西夏皇子什么时候送来。”

西夏丞相向成吉思汗发起了新的挑衅。他说:"我们不会送皇子当人质的,如果要打,我们的阿拉善地区有重兵把守;如果要金银财宝,我们的城里有的是,你们有本事就来拿。"

成吉思汗被彻底激怒了,他断然道:"我宁可战死,也必须消灭西夏!"

成吉思汗不顾病痛,指挥蒙古大军直奔西夏的阿拉善大营。在贺兰山深处,蒙古军抓获了这位西夏丞相。成吉思汗佩服他的骨气,没有杀他。

成吉思汗分东、西两路向银川进发,蒙古骑兵很快就打到了灵武。灵武离银川只有六十公里,如果灵武丢了,蒙古大军用不了一个小时,就能到银川城下。李德旺惊恐万状,他派十万兵马去救灵武。时值隆冬,黄河结冰,两军在冰冻的河面上展开了肉搏。西夏军队惨败,灵武失守。

成吉思汗清扫银川外围,相继攻下甘肃的兰州、青海的西宁等一些重要城市,西夏只剩银川一座孤城。西夏危在旦夕,太上皇追悔莫及,没几天就病死了。皇帝李德旺束手无策,忧虑成疾,也随父亲去了阴曹地府。

新皇继位,但已无力回天。

新皇苦苦地坚守了半年,城内粮食用尽,将士只能杀战马充饥。屋漏偏逢连阴雨,老天爷也来惩罚西夏,银川发生了地震,宫殿房屋坍塌无数,死尸得不到及时埋葬,瘟疫开始在城中蔓延。

可就在这时,成吉思汗的身体也出现了严重问题,那次落马摔出的内伤一直没有痊愈,病情一天天加重。

西夏得到了成吉思汗病危的秘报，他们向成吉思汗递交降书，但请求一个月后才能让蒙古军队进城。

显然，这是缓兵之计。如果在这一个月时间里，成吉思汗去世，蒙古大军不可能把成吉思汗埋在西夏，肯定会把成吉思汗的尸体运回草原安葬。这样一来，西夏还可以苟延残喘。

成吉思汗病入膏肓，他把三子窝阔台和四子拖雷叫到身边，叮嘱他们说："我死之后不要发丧，等大军进城后再宣布。"

1227年阴历七月十二（公历8月25日），成吉思汗病逝于六盘山，享年六十六岁。窝阔台和拖雷按照父亲的遗嘱，封锁消息，严守死讯，用冰块把成吉思汗的尸体冷冻起来。

一个月过去了，见蒙古军大营跟以前一样，西夏以为成吉思汗还活着，他们只得开城投降，西夏就这样灭亡了。

附录　成吉思汗生平速览

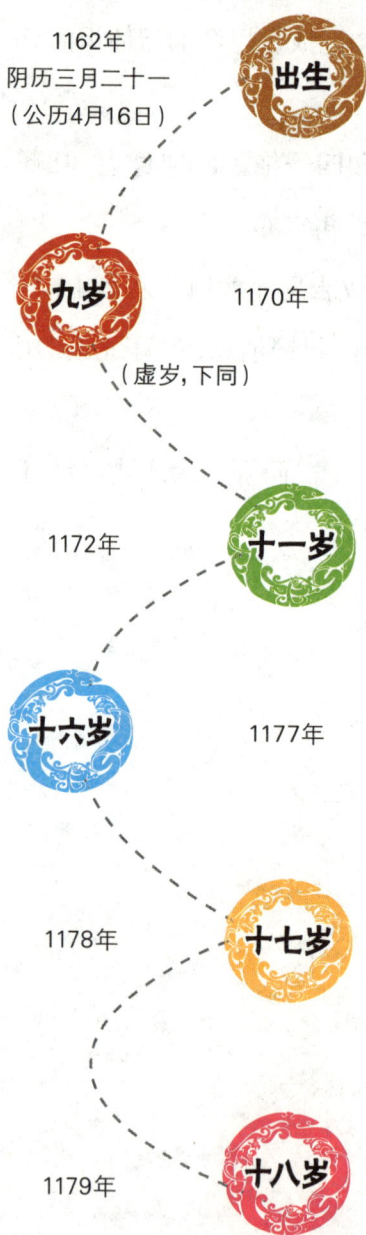

1162年
阴历三月二十一
（公历4月16日）

出生

成吉思汗（本名铁木真）出生于内蒙古呼伦贝尔的额尔古纳。父亲也速该，乞颜部族，孛儿只斤氏。乞颜也音译奇渥温，因此，《元史》称成吉思汗姓奇渥温。母亲诃额仑，弘吉剌部人。

九岁

1170年

（虚岁，下同）

按照草原婚俗，父亲也速该为铁木真订亲，女孩孛儿帖，十岁。也速该因喝了塔塔尔部落的毒酒病危，蒙力克把铁木真从岳父家中接回，办理也速该丧事。

1172年

十一岁

泰赤兀部族首领塔里忽台取得蒙古部落的领导权，他率部落抛弃了铁木真一家。同年，铁木真结识了十二岁的札木合，两个孩子结为兄弟。

十六岁

1177年

家中八匹马被抢，在追盗马群路途中结识了博尔术，在博尔术的帮助下，索回全部马匹。同年，被塔里忽台追杀，在锁儿罕失剌及其子女合答安、赤老温、沉白的搭救下逃脱。

1178年

十七岁

与孛儿帖成亲。为寻求依靠，铁木真把妻子陪嫁的黑色貂皮袄送给克烈部首领脱斡邻。脱斡邻是铁木真父亲也速该生前的结拜兄弟，铁木真尊其为父亲。

十八岁

1179年

蔑儿乞部落首领脱黑脱阿洗劫了铁木真的营地，妻子孛儿帖被掳。九个月后，在脱斡邻、札木合的帮助下，打败了脱黑脱阿，救回妻子。铁木真与札木合第三次结拜，并在札木合的营地驻一年半。

率领部众离开札木合营地，途中袭击泰赤兀部。一些部族、部落相继投奔铁木真，铁木真势力壮大。

 1181年

在怯绿连河（今克鲁伦河）发源地一个叫呼和淖尔的地方被推举为可汗。此时他还不叫成吉思汗，而是叫铁木真汗。

1189年

与札木合反目，札木合率十三路人马进攻铁木真营地，史称"十三翼之战"。虽然铁木真失利，但有一些部众投奔他，势力进一步壮大。

 1190年

袭击塔塔尔部落，塔塔尔溃散。

1194年

联合王汗出兵协助金朝攻打塔塔尔部，斩杀了其首领蔑兀真笑里图。金朝封铁木真为"札兀剔忽里"，相当于总兵。同年，王汗的弟弟勾结乃蛮部，赶走了王汗。

 1196年

主儿乞部族背叛，劫掠了铁木真的老营，铁木真领兵剿杀，首领撒察别乞被处死，他的奴隶木华黎投靠铁木真。在灭金战争中，木华黎立下赫赫战功，成为一代名将。

1197年

帮助王汗夺回克烈部领导权，打败蔑儿乞部落首领脱黑脱阿，战利品和百姓都还给了王汗，王汗的势力得以恢复。

 1198年

1201年　**四十岁**

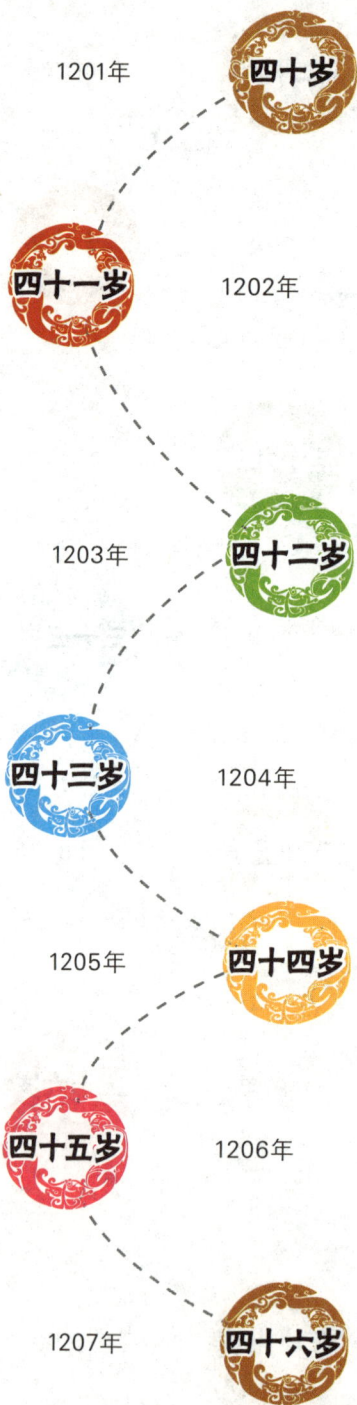

札木合率十一部人马杀来，铁木真再次与王汗联手，大败札木合。铁木真在追击泰赤兀部族塔里忽台时，脖子中箭，险些丧命。

四十一岁　1202年

颁布了大札撒令，史称《成吉思汗法典》。挥师进攻塔塔尔，其首领札邻不合战败自杀，另一首领也客扯连投降，塔塔尔部落归服蒙古。同年秋，铁木真与王汗联合进攻乃蛮部。王汗受札木合挑拨，不告而退，铁木真孤军暴露在乃蛮兵锋之下。铁木真迅速撤兵，乃蛮转攻王汗，王汗大败。铁木真派"四杰"博尔术、木华黎、博尔忽、赤老温援救王汗，击退乃蛮部。

1203年　**四十二岁**

王汗在札木合的挑拨下，对铁木真发起突然袭击，铁木真惨败，身边仅剩十九人。铁木真先是派人向王汗追述旧情，动其心，骄其志。然后，出奇兵夜袭王汗，王汗与其独子桑昆身死异乡，克烈部灭亡。

四十三岁　1204年

乃蛮部落太阳汗派人联合汪古部进攻蒙古，汪古把此事密报铁木真。铁木真先与汪古首领结拜，后又嫁女，使汪古与蒙古形成铁杆盟友。两部大军杀向乃蛮，太阳汗战死，其子屈出律逃往西辽，乃蛮灭亡。这年冬天，札木合被手下捉拿送给铁木真，他只求一死铁木真将其安葬。

1205年　**四十四岁**

追剿乃蛮和蔑儿乞等部的残余势力，第一次进攻西夏，获胜而归。

四十五岁　1206年

在斡难河源头召开忽里台大会，被选为大蒙古帝国可汗，铁木真汗改称成吉思汗。成吉思汗打乱原来的部落部族，把全部人口编成九十五个千户。

1207年　**四十六岁**

第二次进攻西夏，攻城受阻。征服林中百姓，即布里亚特蒙古人、卡尔梅克蒙古人、巴尔虎蒙古人。

派兵追剿屈出律和脱黑脱阿的儿子, 断绝与金朝的臣属关系。

四十七岁 1208年

誓师伐金, 大战野狐岭, 歼灭金兵近四十万。进逼居庸关, 兵临中都北京城。

1211年 **五十岁**

第三次攻金。破南口、居庸关, 逼近中都北京。蒙古大军遍掠冀、鲁、晋、辽诸地, 华北地区只剩北京等十余城未下。

五十二岁 1213年

兵困中都北京城, 金朝献公主、金帛和马匹, 成吉思汗退出居庸关。金朝迁都开封, 成吉思汗引兵出击, 再困北京。

1214年 **五十三岁**

攻克中都北京, 耶律楚材归附成吉思汗得到重用, 后成一代名相。几个月间连克金朝八百六十二座城, 黄河以北大部成了蒙古帝国的天下。同年, 林中百姓塔尔浑夫人叛乱, 花剌子模国商人到蒙古。

五十四岁 1215年

派商队到花剌子模国通商。八月, 封木华黎为太师、国王, 令其经略中原, 主导伐金。

1217年 **五十六岁**

蒙古商队抵达花剌子模国边地重镇讹答剌, 今哈萨克斯坦锡尔河右岸阿雷斯河口附近, "讹答剌惨案" 发生。出征西辽, 西辽灭亡。同年, 成吉思汗第四次进攻西夏, 并派人前往花剌子模交涉。

五十七岁 1218年

永不言败的成吉思汗

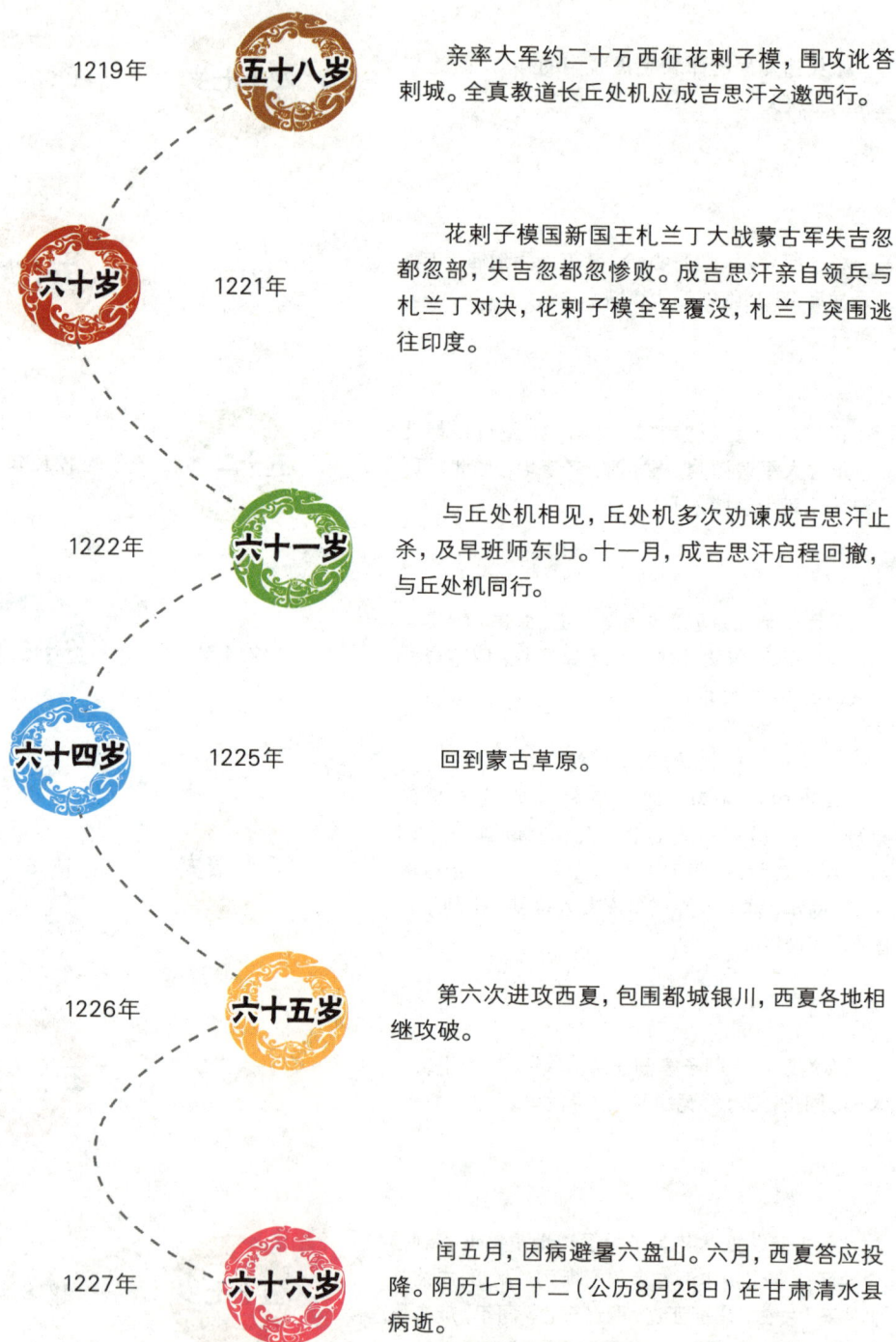

1219年 **五十八岁**
亲率大军约二十万西征花剌子模，围攻讹答剌城。全真教道长丘处机应成吉思汗之邀西行。

六十岁 1221年
花剌子模国新国王札兰丁大战蒙古军失吉忽都忽部，失吉忽都忽惨败。成吉思汗亲自领兵与札兰丁对决，花剌子模全军覆没，札兰丁突围逃往印度。

1222年 **六十一岁**
与丘处机相见，丘处机多次劝谏成吉思汗止杀，及早班师东归。十一月，成吉思汗启程回撤，与丘处机同行。

六十四岁 1225年
回到蒙古草原。

1226年 **六十五岁**
第六次进攻西夏，包围都城银川，西夏各地相继攻破。

1227年 **六十六岁**
闰五月，因病避暑六盘山。六月，西夏答应投降。阴历七月十二（公历8月25日）在甘肃清水县病逝。